JN046387

【第4版】

「使える」教育心理学

服部　　環　監修

安齊　順子
　　　　　　編著
荷方　邦夫

北樹出版

監修と編集の言葉

　本書は，教育心理学をはじめて学ぶ人や，教育心理学の知見を必要として自学自習を考える一般の人を対象に，充実した内容でかつ平易な教科書となるよう企画しました．教育心理学の基本的事項から学校教育の現場で起きている問題までを網羅し，手にとって読んでみたくなる内容の教科書を出版したいという思いから本書を企画しました．本書は 2 部から構成されています．

　第 1 部は発達・学習・学級・評価・心の発達と脳など，教育心理学の基礎的事項を取り上げ，重要な項目をわかりやすく解説することを目指しました．執筆の前に編者が既刊の教育心理学書 33 冊に掲載されている索引からキーワードを収集し，基本的事項を可能な範囲で取り上げるようにしました．したがって，本書の索引にある事項は各種の採用・認定試験で問われる重要事項でもあります．本書を「使える」と題した意図がここにあります．

　第 2 部ではカウンセリング・特別支援教育など，学校における心理教育的援助とそれに関係する事項を取り扱いました．平成 19 年から特別支援教育が始まり，第 2 部で紹介された事例はどの学校でも見られる可能性があります．教員を目指す方には，是非，学んで欲しい内容です．第 2 部で心理教育的支援について深く掘り下げた点も本書の大きな特徴です．本書を「使える」と題した意図をここにも込めています．

　教育心理学における主要な領域を広くカバーしながら，基礎から応用，教育実践への手がかりとなるトピックまで取り扱う「新しいスタンダード・テキスト」を本書は目指しました．一貫して，読者がそれぞれの事項と実際の事例や実践が結びつくことを具体的にイメージできるように，図表などの資料を豊富に盛り込み，また背景となる知見まで丁寧に説明したつもりです．

　執筆者の皆さんと北樹出版の福田千晶さんに心より感謝を申し上げます．

　　　　　2009 年 3 月 10 日

服部　環　監修

安齊順子・荷方邦夫　編著

＊ 目　　次 ＊

【第 4 版】
「使える」教育心理学

序 教育心理学とは

◆◇◆◇◆◇◆◇◆◇◆◇ 第1節　教育心理学とは ◇◆◇◆◇◆◇◆◇◆◇◆

　教育心理学とはどのような学問でしょうか．その名称から教育のための心理学，また，教育を研究するための心理学であると推察できると思います．

　それでは，教育心理学はほかの心理学領域とはどのような関係にあるのでしょうか．基礎的な心理学の研究成果を教育へ単に適用するだけの応用心理学にすぎないのでしょうか．それとも教育心理学独自の研究課題やそこから得られた知見があるのでしょうか．また，教育心理学は教育のための心理学であるにもかかわらず，本邦でも，1960年代半ばから教育には役に立たない教育心理学であるとして，その不毛性が指摘されてきましたが，今日では問題が解決しているのでしょうか．まだまだこうした疑問は尽きないと思いますが，本書の次節以降，とくに第1部と第2部を学ぶことによって徐々に疑問は解きほぐされていきます．ここでは，やや硬い内容になりますが，教育心理学について大学・短期大学・専修学校などにおける授業科目としての位置づけを見ていきます．

　教育職員免許法施行規則の第六条は「幼稚園，小学校，中学校又は高等学校の教諭の普通免許状の授与を受ける場合の教職に関する科目」を定めています．この科目は個別の教科内容に制約されることなく，幅広く教育全般について学びます．具体的には「教職の意義等に関する科目，教育の基礎理論に関する科目，教育課程に関する科目，生徒指導及び教育相談に関する科目」です．そして，この「教職に関する科目」の一つに「教育の基礎理論に関する科目」があり，次の①から③を含めることが必要とされています．

　①「教育の理念並びに教育に関する歴史及び思想」
　②「幼児，児童及び生徒の心身の発達及び学習の過程（障害のある幼児，児童

及び生徒の心身の発達及び学習の過程を含む)」

　③「教育に関する社会的，制度的又は経営的事項」

　教育心理学は②の「幼児，児童及び生徒の心身の発達及び学習の過程（障害のある幼児，児童及び生徒の心身の発達及び学習の過程を含む)」に対応する授業科目です．大学によっては，発達と学習の過程，学校教育心理学，発達心理学などの名称で開講されることがあります．

　一方，「児童福祉法施行規則第6条の2第1項第3号」は指定保育士養成施設の修業教科目の必修科目として「保育の対象の理解に関する科目」を掲げ，ここに教育心理学（講義）を入れています．指定保育士養成施設とは，指定の施設を卒業することによって保育士資格を取得できる学校のことで，厚生労働大臣が指定します．短期大学や専修学校に指定保育士養成施設が多いですが，最近は指定保育士養成施設の指定を受ける4年制大学が増えています．

　教員として高度な専門的知識の獲得が必要ですが，これは教員としての必要条件の一つにすぎません．残念なことに，専門科目を熱心に学習する学生のなかにも，「教職に関する科目」の学習を軽んずる者がいます．そうした態度は良くありません．心身の発達は子どもの発達段階によって異なる特徴をもちますから，こうした特徴を理解することが乳幼児・児童・生徒の保育・教育には必要です．また，効果的な学習指導を行うためには学習の過程・理論を学んでおくことが必要です．こうした点について主に第1部で説明します．

　さらに，平成19年4月に「特別支援教育」が学校教育法に位置づけられ，すべての学校において，障害のある幼児・児童・生徒の支援を行うことになっています．「特別支援教育」とは，障害のある幼児・児童・生徒の自立や社会参加に向けた適切な指導や支援のことです．教育心理学は「幼児，児童及び生徒の心身の発達及び学習の過程（障害のある幼児，児童及び生徒の心身の発達及び学習の過程を含む)」に対応する科目ですから，特別な支援を必要とする幼児・児童・生徒の発達と学習の過程を学びます．第2部で具体的な事例を紹介しながら説明します．

（服部　環）

1.　教育心理学のはじまり

「近代教育学の祖」コメニウス（Comenius, J. A.）は，「すべての人にすべての事柄を教授すること」を基本命題とする教育学を提唱しました（1650 年代）．その後，ルソー（Rousseau, J. J.）や**ペスタロッチ**（Pestalozzi, J. H.），フレーベル（Frobel, F.）などが教育学の理念と実践に活躍しました．

　教育学のなかに心理学を組み入れようという動きを行ったのは，その後活躍した**ヘルバルト**（Herbart, J. F., 1776-1841）です．ヘルバルトは，科学としての教育学を構築し，教育学の目標を倫理学に，その方法を心理学に求めたといわれています．カントの認識論に批判を行い，「一般教育学」（1806）執筆後，『心理学教科書』（1816）を執筆しました．ヘルバルトの理念は，「表象心理学」と呼ばれ，のちに人間の類型論を発表したシュプランガーに影響を与えました．

　心理学の祖といわれているヴントの弟子の**モイマン**（Meumann, E.）は，『実験教育学入門講義』を通じて教育学への心理学的実験方法を導入しました．モイマンは，さらに「実験教育学雑誌」を刊行し，ドイツ教育心理学の発展に寄与しました．アメリカでは，**ホール**（Hall, G. S.）が子どもに対してはじめての質問紙法の実験を行い，『青年期』（1904）などを著しました．同じくアメリカの，**ソーンダイク**（Thorndike, E. L.）は学習や，教科などに心理学を取り入れ，『教育心理学』（1903）を著し，教育測定運動の父といわれました．

　デューイ（Dewey, J.）は，ドイツのヘーゲル哲学の影響を受けた後，心理学者ジェームスやミードの影響を受け，プラグマティズムの思想に転換しました．シカゴ大学の実験室学校であるデューイ・スクールでの実践をまとめたものが『学校と社会』（1899）です．彼の教育思想は「児童中心主義」と呼ばれています．

　1949 年にアメリカ心理学会の教育心理学部会は，教育心理学の領域について「1. 人間の成長と発達　2. 学習　3. 人格と適応　4. 測定と評価　5. 教育心理学における技術と方法」の 5 領域に集約しています．人間の発達の領域では，ピアジェ（Piaget, J.）やフロイト（Freud, S.）の理論が教育心理学に大き

な影響を与えています．学習の領域では，パヴロフ（Pavlov, I. P.）やワトソン（Watson, J. B.），スキナー（Skinner, B. F.）らの研究が大きな影響を与えています．人格・臨床の領域ではクレッチマー（Kretschmer, E.）やオールポート（Allport, G. W.），ロジャーズ（Rogers, C. R.）などがいます．教育評価では，キャッテル（Cattell, J. M.），タイラー（Tyler, R. W.），ブルーム（Bloom, B. S.）などがいます．これらの理論は本文で詳しく説明される予定です．

　アメリカの教育心理学は，1960 年以後，教授法のモデルや**教授―学習過程**の研究が教育心理学の中心課題となりましたが，その理論的基盤は，1980 年以後は**行動主義的学習理論**から**認知心理学的理論**へと移り変わってきたといわれています．

2.　日本の教育心理学

　日本の教育学の領域では，高嶺秀夫，伊沢修二がアメリカに派遣され，帰国後（1878・明治 11）に東京師範学校（東京師範学校は，高等師範学校，東京高等師範学校と名称変更し，のち東京文理科大学，東京教育大学を経て現在は筑波大学となっている）においてペスタロッチ主義教育を展開しました．高嶺が翻訳紹介したジョホノットの教育学には，「心理学」を重視する旨が記されており，高嶺は東京師範学校において「心理学」を独立した科目として扱っていました．

　その後ヘルバルトの教育学が日本に紹介されました．ヘルバルトの教育学を広めた谷本富は，心理学にも造詣が深く，パリでの第 4 回国際心理学会議にも参加していたそうです（1900）．高等師範学校では，1900（明治 33）年以後，研究科に「児童研究」や「実験心理学」の科目名が見られるようになりました．

　教育心理学と似た名称の本として古いものは有賀長雄著『教育適用心理学』（1885・明治 18）であり，教育心理学を冠するはじめての書は塚原政次『教育心理学』（1889）だといわれています．高等師範学校の心理学は**元良勇次郎**，**松本亦太郎**らが担当しており，彼らは東京帝国大学の心理学の教授でもありました．塚原は広島高等師範学校（現在は広島大学）の初代心理学教授です．

　京都帝国大学教授となった（1906）松本亦太郎が，心理学の実験器具をドイツで購入したのは，本来は東京高等師範学校のためでした．最終的に，器具は

京都帝国大学に移管されますが，この時期に，教育の領域で心理学が重視されていたことがこのエピソードからうかがわれます．

モイマンの実験教育学は明治 40 年代に，小西重直，乙竹岩造らによって訳出されました．

教育心理学の研究雑誌は，大正 15 年（1926）に東京文理科大学から雑誌「教育心理学」が刊行されたのが，はじめてと考えられますが，明治時代より『児童研究』という雑誌があり，教育心理学的研究は明治年間より行われていました．

大正時代には，知能検査が標準化されて紹介され，実用化されました．はじめて販売された知能検査は **三田谷啓** の『学齢児童智力検査函』（1915）であり，その後広く使用されたのは **鈴木治太郎** による『智能測定尺度の実験的統計的基礎』（1925）で「鈴木ビネー」と呼ばれています．

日本児童学会が児童教養相談所を開設し（1915），教育相談活動が始まりました．児童教養相談所を実質的にきりもりしていたのは久保良英で，広島文理科大学の教授となりました．この久保良英が『学習心理学』でソーンダイクの説を紹介したのは，1929 年のことでした．

第二次大戦後には，1947（昭和 22）年に文部省編『教育心理学』が出版され，1948（昭和 23）年に玉岡忍の『教育心理学』が出版され，戦後の教育改革のなかで教育心理学は発展していきました．1948 年以後，アメリカの影響で行われた IFEL（教育指導者講習会）の影響で日本の教育心理学は「**発達，学習，人格と適応，測定と評価**」の 4 本柱で構成されるようになりました．戦後，教育心理学研究者たちは発表の場を求めて，日本教育心理学協会を設立しました（1952）．その後 1959 年に第 1 回日本教育心理学会総会が行われ，「**日本教育心理学会**」となりました．戦後の教育心理学の研究成果も，本書で随時紹介される予定です．なお，日本教育心理学会は 2008 年に創立 50 周年を迎えました．（**安齊　順子**）

＊　読者のための図書案内　＊

・サトウタツヤ・高砂美樹　2003　流れを読む心理学史　有斐閣：日本と世界の心理学史がわかりやすく述べられており，日本の初期の知能検査についても詳しく

わかります．

＊引用文献＊

肥田野直（編著）(1996)．教育心理学の展開　北樹出版
日本教育心理学会（編）(2003)．教育心理学ハンドブック　有斐閣
佐藤達哉・溝口元（編著）(1997)．通史　日本の心理学　北大路書房
柴田義松・上沼八郎（編著）(1988)．教育史　学文社

第3節　研究の方法

1．教育心理学研究の目的

心理学において研究とは，人間の心の働きによる変化や行動がどのようなものであるか，「実証的」なデータをもとにして解明を行うということです．そのなかで教育心理学での研究は，教育を受ける子どもを理解するため，あるいは教育実践に役立つさまざまな方法を開発するという目的を達成するためなど，教育に関する出来事の解明という目的が加わります．

教育実践の現場，あるいは教育の基礎となる理論を考える場で心理学を用いた研究を行う時には，およそ次の2つが研究の目的あるいは研究の興味になります．第1の目的・興味は，教育のなかで生徒や教師が行う活動，あるいは心の動きについて，その普遍的原理を見つけようとするものです．ある条件（教育的介入，環境的変化など）のもとで，生徒や教師の多くはどのような行動をするか，あるいはどのような心の変化を示すかなど．教育に関わる人間の法則的事実を解明することは，教育心理学にとって重要な意味をもちます．このような研究の立場を**法則定立的アプローチ**といいます．

これに対して，目の前にある生徒や現象そのものを知ることに目的や興味をもつことがあります．人間の法則的事実と比較して，この生徒はどのような違いや特徴をもっているか．あるいは，この生徒はこれまでどのような経験をして今に至っているか．調査や観察，本人との面接のなかで本人自身の事実に迫ることになります．このような場合，法則定立的な立場とはかなり異なる立場

から人間をみることになります．こういった研究の立場を **個性記述的アプローチ**といいます．

　法則定立的アプローチと個性記述的アプローチでは，それぞれ解明の手段となる研究の方法に異なりがあります．前者では，多数の研究対象者を集めてデータを収集するような方法が，後者では，個人に対して詳細なデータを収集するような方法がとられます．

2．教育心理学研究の手法
（1）実　験　法

　ある一定の条件のもとでの，人間の心の働きや行動を調べるという研究手法を **実験法** といいます．たとえば，ことわざの学習のため，教材をテレビのような映像で提示した時と，書籍で提示した時の成績の違いを見たりするような方法が実験法です．

　実験法では，原則として **独立変数** と呼ばれる実験で操作する条件（テレビや書籍など）と，そこから得られる行動や意識などのデータ（**従属変数**）以外の条件は異ならないようにコントロールする必要があります．このことを実験条件の統制といいます．上の例の場合，それぞれの条件に参加する実験参加者の学力や，提示・学習にかかる時間など，条件以外に成績に影響を与えるようなものは一定にされるのです．あるいは，対照実験のように操作する条件を施さない **統制群** を設定して，何もしなかった時との比較も行います．

　実験法では，得られるデータはなんらかの形で数値にすることができる **量的データ** となり，**統計的解析** にかけられます．統計的解析ではまずデータから **平均** や **標準偏差** などの **記述統計量** が求められ，それぞれの条件ごとの比較が行われます．この比較の際には，推測統計（表序—1）と呼ばれる統計解析が行われます．

（2）調査法（質問紙調査）

　一般的にアンケートと呼ばれる，質問項目に回答することによってデータを得る方法を **調査法** といいます．調査法ではあらかじめ用意した質問項目に対して自由に記述を行ったり，あるいは **尺度** と呼ばれる5段階や7段階に分けられ

表 序-1　教育心理学で多く使われる統計解析

	量的データ	質的データ
検定	t 検定 F 検定 分散分析	χ^2 検定 直接確率計算 2 項検定 U 検定 順位つき符号和検定
多変量解析	重回帰分析 因子分析 主成分分析 クラスター分析 共分散構造分析	判別分析 数量化 II 類 数量化 III 類

たものさしに自分の評定を行ったりする方法で回答を行います．

　調査法では，実験法のように厳密な条件の統制を行うことが困難です．また，**信頼性** や **妥当性** の高い（第 5 章参照）データを求める場合，質問項目が多くなります．これらの理由から，調査法では多数の調査対象者に調査を実施して，安定した結果が得られるように配慮がなされます．

（3）　事例研究法

　個人や小集団に対する詳細な情報を収集するための非実験的方法に **事例研究法** があります．事例研究は，行動の詳細な記述や詳細な言語データの収集，またそれらの背景となると考えられる事例史（研究に関連する内容についての個人の歴史的経緯）などを収集することが大きな目的となる方法です．方法としては一般的に面接によるデータ収集が行われ，その面接の手法によって構造化面接・半構造化面接などいくつかに分けられます．狭義の事例研究は，面接によるインタビューのことを指しますが，実験・調査的な状況の統制などを伴わない少数ケースの観察なども，事例研究として考えられることがあります．

　事例研究が効果的な方法として採用される条件は，次の通りです．

　（1）　個人の特徴を記述する必要がある場合（個性記述的アプローチ）

　（2）　そもそも，生起頻度の低い現象を扱う場合

　研究対象者が脳の一部に損傷をもつなど，現実ではあまり起こらないような

事象を扱う場合，多数のサンプルを収集できない．

（3）　縦断的変化の検討において，経時的かつ統制不可能な介入が存在する場合

臨床場面など，時系列的な変化があるとともに，関係性自体がダイナミックに変化し，統制が不可能である．同様に，観察対象自体が変化し，統制ができない場合，実験・調査が可能にはならない．

（4）　研究対象がなんらかの理由で，その結果の出力に著しい影響を及ぼす場合

乳児・動物（サル）などのように，実験・調査による研究方法の実施が困難な場合など．

（4）観　察　法

観察法は研究を行う側が研究の対象に対して観察・記録・分析を行うことでデータを収集する方法です．観察法自体は**実験法**や**事例研究法**のデータ収集の手段として実施されることも多くあります．観察法が有効な研究条件として，実験のような統制された環境ではなく，自然状況下での行動が収集できること．また，子どもや動物など，研究者側の意図や指示が伝わりにくい対象にも実施可能であることなどがあげられます．

観察法は大きく分けて**自然観察**と**参加観察**の２つがあります．自然観察は観察者が観察対象に対して関与を行わない環境のもとで実施される方法で，自然な状況下でのデータ収集に力点が置かれます．参加観察は観察対象に対して観察者がその存在を示しながら観察を行う方法で，観察者は観察対象に対して教育的な介入を行ったり，行動に対する指示を行ったりすることができます．

3．教育心理学研究の手順

教育心理学の研究をするということは，人が学び，育つというその一連の流れのなかで，知りたいと思う何かを見つけるということです．「教え方の上手な先生は，どこが上手なのか」とか，「子どもはいつから嘘をつこうと思うのか」など，どんなものでも基本的には研究の対象になります．このような思いを問題意識といいます．この問題意識を研究のテーマとなるようにするために

表 序-2　研究の手順

1.　問題意識を深める
2.　問題意識の科学化
問題意識を科学の用語に翻訳する　用語の定義
3.　問題領域の調査（先行研究の調査）
3.1.　当該領域の現状をつかむ　問題領域の絞り込み
3.2.　先行研究の調査と評価
文献の収集　書誌・データベース
4.　研究の実行
4.1.　研究計画の立案
研究目的：記述・説明　理論構成（モデルの構築）　仮説検証
研究方法：観察法・実験法・調査法・ケース研究
4.2.　実験計画の立案
目的　仮説
方法（条件・指標・材料・装置・被験者）
4.3.　実験の実施
4.4.　実験の結果と考察
統計的分析　質的分析
5.　論文の執筆と発表
論文の執筆　プレゼンテーション
6.　研究の評価
計画に基づく評価　今後の研究への示唆

は，その内容がどのような心理学の言葉で言い表せるか，そしてこれまで似たような研究にトライした人がいるかなどをあらかじめ調べます．これが，問題意識を深めるという作業です．

　テーマが決まったら，その研究領域の論文にあたり，知識を深めます．そして実際に解明したい具体的内容を決め，仮説を立てます．そして実験や調査を通して，人間の心の働きと行動の法則や記述をするのです．大まかな研究の手順は，表序―2に示したように進められます．　　　　　　　　（荷方　邦夫）

＊　読者のための図書案内　＊

・松井豊　2010　心理学論文の書き方（改訂新版）　河出書房新社：卒業論文や修士論文を書くために

・Findley（著），細江達郎・細越久美子（訳）1996　心理学　実験・研究レポートの書き方　北大路書房：どちらも非常にわかりやすく，丁寧に論文の書き方を説明してあります．おすすめの一冊．

序章　教育心理学とは

第 **1** 部

教育心理学総論

　第1部「教育心理学総論」は，教育に携わる人々にとって知っておきたい人間の特質や，学習の過程に関する知識を扱っています．「序章」では，教育心理学とは何か，どのような研究をするのか解説します．「第1章　発達」では，生まれ・育つ人間のライフサイクルでの諸特徴にふれます．「第2章　学習と動機づけ」では，人間を中心として，われわれ生物が知識や行動を身につけるプロセスについて説明し，「第3章　学習指導と教育工学」では，教育実践の現場でよりよい効果を上げる方法について解説をします．

　「第4章　学級の心理学」では，学校での集団生活にまつわるさまざまな集団行動の性質，リーダーシップの特徴やいじめへの対応などを解説します．

　「第5章　教育評価」では，教育の成果をはかるしくみとは何か，良いテストを作るための方法はどのようなものかについて解説します．最後に「第6章　脳の発達と心」では，近年著しい発展を遂げる神経科学の分野から，人間の発達や学習のプロセス，これらの障害について解説します．

　いずれも，古くから変わらない重要項目から，最新の注目トピックまでバランスよく網羅されています．これらの知識をもとに，子どもや教育現場を見る目を磨くため，じっくり考える力を育てましょう．

発達

　みなさんは「蛙の子は蛙」という言葉をご存知でしょうか？　蛙の子どもで
あるおたまじゃくしは，最初親である蛙とはまったく異なる姿をもち，水中の
みでしか生きられません．ところが時間の経過に伴って，足が生え，尻尾が消
え，水中から出てくるようになります．蛙の子はおのずから蛙になるのです．

　では，「人間の子は人間」といえるでしょうか？　身体の成長だけが発達で
しょうか？　いいえ，人間はただ一人きり放っておいたのでは人間にはなれま
せん．もちろん身体の発達はみなさんの意識する・しないにかかわらず，心理
的な発達に大きな影響を与えています．そして，人間は社会からさまざまなこ
とを学び，変化するとともに，反対に自分もまた他者に影響を与えることで周囲
が変化することもあります．つまり，人間は環境とのあいだでさまざまな影響
を相互に及ぼしあいながら，次第に人の間で生きる「人間」となっていくのです．

　この章では，生涯発達の前半である青年期までを中心に，人間としての発
達，すなわち成熟とは何かを考えていきましょう．

◇◇◇◇◇◇◇◇◇◇ 第１節　発達段階と発達課題 ◇◇◇◇◇◇◇◇◇◇

　乳幼児期から老年期までの人間の発達過程は，ある一定の順序や方向性をも
っています．そして社会的慣習や教育制度，身体的発達，特定の精神機能，全
体的な精神構造の発達的変化などによって，それぞれの段階に区分されていま
す．これを**発達段階**といいます．

　ハヴィガースト（Havighurst, R. J.）は，「生きることは学習することであり，
成長もまた学習である」とした上で，人間の生涯を６つの発達段階に分け，そ
れぞれに発達課題（個人が健全な発達を遂げる上で，各段階で達成されることが期待さ
れる課題）を設定しました（表1—1）．そして，各段階における発達課題の達成に失

表 1-1　ハヴィガーストの発達課題

Ⅰ．乳児期および幼児期〔誕生〜6 歳〕
1. 歩くことを学ぶ
2. 固形食をとることを学ぶ
3. 話すことを学ぶ
4. 排泄をコントロールすることを学ぶ　　　　　　　　　　　　　　　　　など
Ⅱ．児童期〔6 歳〜12 歳〕
1. 日常の遊びに必要な身体的技能を学ぶ
2. 同じ年頃の遊び仲間とうまくつきあっていくことを学ぶ
3. 男子あるいは女子としての適切な社会的役割を学ぶ
4. 読み・書き・計算の基本的な技能を学ぶ
5. 良心・道徳性・価値基準を発達させる　　　　　　　　　　　　　　　　など
Ⅲ．青年期〔12 歳〜18 歳〕
1. 同性と異性の同じ年頃の仲間との新しい成熟した関係
2. 男性あるいは女性としての社会的役割を獲得する
3. 自分の身体的変化を受け入れて，身体を有効に使う
4. 両親や他の大人からの情緒的独立を達成する
5. 経済的独立に備えて準備をする　　　　　　　　　　　　　　　　　　　など
Ⅳ．成人前期〔18 歳〜30 歳〕
1. 配偶者を選び，一緒に生活していくことを学ぶ
2. 子どもを育て，家族を形成する
3. 市民としての責任を負う
4. 気の合う社交グループを見つけ出す　　　　　　　　　　　　　　　　　など
Ⅴ．中年期〔30 歳〜60 歳〕
1. 10 代に達した子どもが成人として幸せに生きていくことを助ける
2. 大人としての市民的・社会的責任を達成する
3. 一定の経済的水準を築き，それを維持する
4. 中年期の生理的変化に適応して，それを受け入れる　　　　　　　　　　など
Ⅵ．老年期〔60 歳以降〕
1. 体力や健康の衰えに適応する
2. 引退と収入の減少に適応する
3. 配偶者の死に適応する
4. 社会的役割を柔軟に受け入れて，それに適応する　　　　　　　　　　　など

敗した場合，積み残された未消化の課題がそのまま残り，その後の発達課題の達成も困難になるとしました．つまり，彼は各段階における固有の発達課題を提示し，その達成を重視したといえるでしょう．また，発達が向かうゴールや目的・価値観を考慮に入れずに進行過程の記述をするところも特徴といえます．

　これに対してエリクソン（Erikson, E. H.）やバルテス（Baltes, P. B.）は，発達をなんらかのプラスの価値への接近と見なす，「成熟」を重視した発達モデルを提示しています．なかでもエリクソンは，生涯を 8 つのライフサイクルに分け，**漸成発達理論** を提案しています（表 1—2）．漸成的（epigenetic）であるとは，成長するものはすべて予定表をもち，それに従って乳児期からの各段階の発達

表 1-2　エリクソンの精神発達の漸成理論図

(死へのレディネス)

	1 口唇期	2 肛門期	3 男根期	4 潜伏期	5 性器期	6 成人期	7 成人期	8 老熟期
Ⅷ 成 熟 期								統合性 対 嫌悪・絶望
Ⅶ 成 人 期							生殖性 対 自己吸収	
Ⅵ 初期成人期					連帯感 対 社会的孤立	親密さ 対 孤立		
Ⅴ 青 年 期	時間的展望 対 時間的展望の拡散	自己確信 対 自己意識過剰	役割実験 対 否定的同一性	達成期待 対 労働麻痺	アイデンティティ 対 アイデンティティ拡散	性的同一性 対 両性的拡散	指導性の分極化 対 権威の拡散	イデオロギーの分極化 対 理想の拡散
Ⅳ 学 童 期				生産性 対 劣等感	労働アイデンティティ 対 アイデンティティ喪失			
Ⅲ 遊 戯 期	(その後の現れ方) ↑		主導性 対 罪悪感		遊戯アイデンティティ 対 アイデンティティ空想 ←(それ以前の現れ方)			
Ⅱ 早期幼児期		自律性 対 恥・疑惑			両極性 対 自閉			
Ⅰ 乳 児 期	信頼 対 不信				一極性 対 早熟な自己分化			
社会的発達 / 生物的発達	1 口唇期	2 肛門期	3 男根期	4 潜伏期	5 性器期	6 成人期	7 成人期	8 老熟期
中心となる環境	母	両親	家族	近隣・学校	仲間・外集団	性愛・結婚	家族・伝統	人類・親族
virtue 活力・気力	hope 希望	will 意志力	goal 目標	competency 有能感	fidelity 誠実	love 愛	care 世話	wisdom 英知

(出典：エリクソン, 1971, 西平, 2000 より)

が積み重なって進むのであり，最終的には老年期の統合がすべての到達点と見なされるというものです．ただし，その発達のコースは単線ではなく，なおかつ可塑性を認めている点に，このモデルの特徴があるといえるでしょう．また，各段階での発達課題は「基本的信頼　対　不信」というように，肯定的価値と否定的価値が同時に扱われ，肯定的価値が否定的価値を上回る比率で達成されていくことが健康なパーソナリティ発達とされています．

◇◆◇◆◇◆◇◆◇◆◇◆◇◆◇◆ 第 2 節　身体の発達 ◇◆◇◆◇◆◇◆◇◆◇◆◇◆◇◆

　心理的な発達というと，ともすれば身体発達が軽視され，なおざりになる傾

向があります．しかし，人間の心理を理解する場合，身体の発達が基礎になっていることを忘れてはなりません．体のないところに心はなく，人間は無意識のうちに身体からの物理的な影響をたくさん受けています．その多くは脳の発達によるものですが，そのほかホルモンの影響もあります．

1. 胎児期の身体発達

　赤ちゃんはどのようにして生まれてくるのでしょうか．生理から約2週間後の排卵時に精子と結びついた0.1 mmほどの受精卵は，10日ほどかけて分割をくり返しながらゆっくりと卵管を通り子宮内に着床します．しかし，ここまでの過程に成功する割合は約3割といわれ，その確率は決して高くはありません．そして，出産までのあいだに受精卵は原始から人間までの種の進化と同じような身体発達をしていきます（表1—3）．

　着床完了（妊娠期間は最後の生理から数えるため，すでに妊娠4週になっている）から妊娠8週までの胎芽期において，頭と胴が分かれ，尾が退却し，頭部に比べ大きな目が現れます．手足も次第に伸びてきますが，指のあいだには水かきのようなものがついています．まるで半魚人のようです．それが妊娠9週から40週にかけての胎児期において，手足の水かきが消え，全身に産毛が生え胎脂で覆われます．胎動もやがて激しさを増し，筋肉や脂肪を蓄え，40週の出産時には体長50 cm，体重3 kgほどにまで成長します．

　最近は，さまざまな器具の開発によって，胎児期の発達研究が進んでいます．胎動をくり返すころになると，母胎内において胎児は聴覚と味覚を中心として，さまざまな感覚器官を発達させています．たとえば指しゃぶりなどの吸啜行動や，しゃっくり，尿の排泄や口からの羊水摂取など，母胎内でさまざまな活動をするようになります．そのほか，脳神経系の発達についても明らかになりつつありますが，第6章に譲ることにします．

　一方，母体にもさまざまな変化が訪れます．つわりはその最たるものですが，ほかにものぼせ，むくみ，動悸，妊娠線や正中線の出現などがあります．これらの症状の軽重は個人差が大きく，また妊娠のたびごとでも異なります．さらにはこうした身体面での変化が，心理的な変化も引き起こします．幸福感

表 1-3　胎児の発育と母体の変化

初　　　期		
月	第 2 月	第 3 月	第 4 月

	第 2 月	第 3 月	第 4 月
週	4〜7	8〜11	12〜15
胎児の発育	身長約 2 cm 体重 4 g ・まだ胎芽と呼ばれる ・頭と胴が分かれ，尾が短くなり，手足が伸びてくる ・目，口，耳などが判別できるようになる	身長約 9 cm 体重約 20 g ・心臓，肝臓が活動し始める ・頭，胴，四肢がはっきり区別できる	身長 16 cm 体重約 120 g ・このころから胎児の発達がもっとも活発になる ・血液が体内を流れ始める ・胎盤が完成する
母体の変化	・つわりが始まる ・基礎体温は高温が続く ・下腹がはったり腰が重くなる	・尿の回数が多くなり便秘になりやすい ・乳房が目立ってはってくる ・この頃までがもっとも流産が起こりやすい	・安定期に入る ・つわりがおさまり，食欲も出てくる ・乳首のまわりが黒ずんで乳房がひとまわり大きくなる

中　　　期		
月	第 5 月	第 6 月	第 7 月

	第 5 月	第 6 月	第 7 月
週	16〜19	20〜23	24〜27
胎児の発育	身長 24〜26 cm 体重約 350 g ・活発に動き始める ・髪の毛やつめが生える ・心臓の動きが活発になり，聴診器で心臓の音が聞ける	身長 32〜34 cm 体重 600〜800 g ・羊水の中で動きまわっている	身長 37〜39 cm 体重 1.1〜1.3 kg ・心臓の音がはっきり聞き取れる ・頭を下にうずくまっている
母体の変化	・体重が増え下腹がやや目立つようになる ・早い人は胎動を感じ始める	・体重がさらに増える ・ほとんどの人が胎動を感じる ・乳房がますます発達する	・おなかの上部もふくらんでくる ・足にむくみや静脈瘤が現れやすい・貧血になりやすい

（出典：「赤ちゃん・そのしあわせのために」より作成）

など穏やかな感情だけでなく，俗にいうマタニティー・ブルーのような，不安や抑うつ症状が出ることもあります．これは，妊娠についての母親のとらえ方や，環境面での問題などが関係しています．

　このような母体の変化，胎児の成長を通じ，母親はみずからの母性を少しずつ発達させていきます．母親はみずからの内に身ごもった生命と一心同体のようにしばしば語られ，ともすれば母親は子どもをまるで自分の所有物のように感じます．しかし，胎児はすでに多くの感覚器官を機能させ，胎動での自己表現を通して自己の存在を独自なものとして訴えている，ととらえるべきなのかもしれません．

2. 乳幼児期から児童期までの身体発達

　誕生後の子どもは，本質的にすべて，同じ一連の運動を同じ順序に従って獲得していきます（図1-1）．寝返り，ハイハイ，お座りができるようになった後，つかまり立ち，つかまり歩きと，次第にその行動範囲を広げていきます．そして，おおよそ1歳前後で一人歩きができるようになります．しかし，こうした発達のスピードは一様ではありません．

　こうした運動面での発達だけでなく，言語獲得やパーソナリティに至るまで，その要因として発達心理学者たちがこれまで何世紀にもわたって議論してきたのは，**遺伝**（「生まれ」）と**環境**（「育ち」）のどちらが重要かという問題でした．もちろん，領域によって遺伝的な要素の強いものと環境的な要素の強いものとがあります．ただし，身長などの体型や顔立ち，体質など遺伝の影響が強いと思われる領域であっても，母胎内での母親の喫煙や栄養不良，薬物の摂取などによって影響を受けます．ですから，一概に遺伝か環境かという問題とはなりません．今日,ほとんどの心理学者は,遺伝と環境の両方が重要な役割を担っていること,またこれらが一貫して相互に作用して発達すると考えています．

　新生児期にだけみられる行動に，**原始反射**があります．「吸啜反射（指を唇の中に入れると吸いつく）」，「把握反射（手のひらに触れるものは何でもしっかりつかむ）」，「モロー反射（大きな音や強い光を浴びると抱きつこうとするように両腕を広げる）」，「バビンスキー反射（足の裏に触れると指を広げたり屈曲させたりする）」などが有名で

手を伸ばすが
とどかない

膝に座り物をつかむ

胎児姿勢　　あごをあげる　　肩をあげる　　　　　　　支えれば座る

0:1　　　　　　0:1　　　　　　0:2　　　　　0:3　　　　0:4　　　　0:5

手をひかれて歩く　　　　　　家具につかまって　　支えられて　　ひとりで座る　　椅子に座る
　　　　　　　　　　　　　立っている　　　　立っている

はう

0:11　　　　0:10　　　　　0:9　　　　0:8　　　0:7　　　0:6

家具につかまり立つ　　　階段をはい上る　　ひとりで立つ　　ひとりで歩く

1:0　　　　　　1:1　　　　　1:2　　　　1:3

図 1-1　乳児の二足歩行までの変化
（出典：白佐俊憲，1982『保育・教育のための心理学図説資料』川島書店 p. 196.）

す．吸啜反射などはいわば生命維持装置としての機能を果たしていますが，そうした意味がはっきりとはわかっていない反射もあります．このうちの多くのものは4ヵ月頃までには消失し，大脳と筋肉や骨の発達に伴って，随意運動に取って代わられるようになります．

　その後の幼児期・児童期の7年間に，身長は40 cm 程度，体重は倍近くに成長します．運動機能の発達については，男女の性差が大きく現れます．平成18年の体力・運動能力調査（文部科学省）によれば，長座体前屈（壁を背に足を伸ばして座り，その状態での手のひらの位置と，最大限前屈した時の位置），握力，上体起こし，反復横とび，50 m 走，20 m シャトルラン（往復持久走），立ち幅跳び，ソフトボール投げの8つの指標のうち，7つについては男子の方が高い成績を示しています．唯一，長座体前屈のみ女子の方が一貫して運動能力が高くなっ

ています．握力，上体起こし，反復横とび，50 m走においては年齢上昇とともに能力が増し，男女差はわずかですが，その他の持久力・瞬発力の要求される運動については年齢の低い段階から男女差が現れ，その差は加齢とともに広がっていきます．

3. 青年期の身体発達

　青年期は，身体に劇的な変化が訪れます．ホルモンバランスの急激な変化によって生じるもので，第二次性徴と呼ばれ，青年期のはじまりとされます．男子であれば精通が起こり，睾丸や陰茎が急激に成長し男性ホルモンの分泌量が増えます．筋肉がつき，体毛が生え，声変わりが起こります．一方，女子は初潮が起き，女性ホルモンの分泌量が増え，卵巣や子宮の機能が上昇します．それにより，骨盤が大きくなり，乳房をはじめとした皮下脂肪が増大します．

　このように，身長や体重をはじめとした体型の量的変化だけではなく，生殖機能の増大という質的変化が，この時期の身体的成長の特徴といえます．しかし，その発達のスピードについては性差があり，また個人差も大きいことが認められています．女子の初潮についてはもっとも早い人と遅い人とでは5歳の開きがあります．男子の睾丸の発達は早い人では13.5歳で終了しているのに対し，遅い人では始まったばかりです．その他の発達を総合的に判断すると，男女ともに個人差が大きいこと，女子の方が男子よりも発達が早いことがわかります．

　また，1970年代以降，欧米諸国で指摘されてきた**発達加速現象**はわが国でも認められてきています．発達加速現象とは，前の時代に比べて年々身長や体重が増加して体格がよくなり，思春期スパート（急激な成長速度の亢進）や性的成熟の始まる時期が早くなる現象のことをいいます．とくに前者を**成長加速現象**，後者を**発達前傾現象**といいます．また，同一世代間であっても，都市部の方が郡部より身長や体重などが大きかったり，性的成熟が早かったりするなどの現象を，**発達勾配現象**といいます．栄養の豊富化や，都市化による刺激の増大などが有力な要因として指摘されていますが，近年はこうした発達の加速は停滞しつつあることが多く報告されるようになってきています．

　このような身体的な変化は，心理面に大きな影響を及ぼします．とくにその

表 1-4 性的成熟の発現に対する心理的受容度 (齊藤, 1990)

人数（%）

心理的受容度	男　子			女　子		
	変声	恥毛の発毛	精通	乳房の発達	恥毛の発毛	初潮
おとなになれて，とてもうれしかった	2(2.9)	4(4.4)	1(2.5)	8(11.6)	5(7.0)	11(15.7)
おとなになる上で当たり前だと思った	18(26.1)	34(37.8)	19(47.5)	12(17.4)	11(15.5)	14(20.0)
別に何とも思わなかった	39(56.5)	31(34.4)	12(30.0)	40(58.0)	27(38.0)	13(18.6)
いやだったが，しかたないと思った	7(10.1)	17(18.9)	5(12.5)	8(11.6)	22(31.0)	27(38.6)
とてもいやで，できればそうなってほしくないと思った	3(4.3)	4(4.4)	3(7.5)	1(1.4)	6(8.5)	5(7.1)

受容には，時にさまざまな心理的混乱や動揺をもたらします（表1―4）．齊藤
(1990) によると，性的成熟の発現に対して，男子はおおむね無反応や当然の発
達としてみているものが多く，大きな心理的動揺はみられませんでした．しか
し，女子では否定的反応と肯定的反応が拮抗していて，アンビバレントな受け
止め方をしていると考えられます．

　さらに上長 (2007a) は，性的成熟の受容と心理的混乱についての性差を詳
細に検討しています．女子は身体発育の発現に対する受容感が低いと，自分の
身体に対する満足度を低めたり身体の露出を回避したりすることが多くなり，
それらが抑うつ傾向を引き起こしますが，男子にはこうした傾向はみられませ
んでした．また，その発現のタイミングについても性差がみられます（上長，
2007b）．男子は早熟なほど身体満足度が高く，抑うつ傾向が低いのに対し，早
熟な女子は身体満足度が低く，抑うつ傾向が高くなります．

　このような性差が，思春期やせ症（神経性無食欲症）や摂食障害の発現率の違
いを生み出していると考えられ，性役割の影響を多分に受けていることが指摘
されています．

◇◆◇◆◇◆◇◆◇◆◇◆◇◆◇◆◇◆ 第3節　知 の 発 達 ◇◆◇◆◇◆◇◆◇◆◇◆◇◆◇◆◇◆

1．認 知 発 達

　身体的発達に伴い，知的な機能も発達していきます．第2節でも触れたよう
に，かつて発達の心理学的考察においては，生物学的成熟という「遺伝」に重
きをおく視点と，養育環境などの「環境」に重きをおく視点の2つが大勢を占

めていました．しかしいずれの視点とも，「子どもとは受動的な存在である」という暗黙裡の認識が存在していたといえます．これとは対照的に，子どものもつ自然に成熟する力と，まわりの環境に対して働きかける能動的な力の相互作用を強調したのがピアジェ（Piaget, J.）です．

　ピアジェは 19 世紀末にスイスに生まれ，最初は生物学の研究をしていましたが，後に認知発達の研究を行うようになりました．ピアジェは自分の子どもを注意深く観察して，子どもの認知発達についての理論を編み出していきました．

　子どもは新しい事物や事象に出会うと，まずは子どもがすでにもっている認知構造に外界を取り込もうとします．これを**同化**といいます．たとえば，鳥とは羽をもち，空を飛ぶものだという認知構造をもっている子どもは，鳩もスズメも鳥だと判断します．

　こういう認知構造をもつ子どもがペンギンや鶏に出会ったら，どうするでしょうか．羽はあっても空は飛ばない，水のなかを泳ぐ，などの新奇な事象に出会った子どもは，外界に合わせて認知構造を変えようとします．これを**調節**といいます．

　この同化と調節がバランスを保つように機能する働きを**均衡化**といい，これによって環境への理解が発展していきます．

　ピアジェの認知発達の理論は，4 つの段階からなっています．

　最初の段階が，**感覚運動期**です．誕生から 2 歳ごろまでの乳幼児の段階での認知特徴を表しており，文字通り感覚器や運動器を中心として，自分の活動とその活動の結果との関係を見つけ出します．たとえば，昔からある赤ちゃんの玩具にガラガラがあります．これは，赤ちゃんが自分の手でガラガラを摑み振ってみたところ音が出た，という発見をする認知プロセスに適合した玩具であり，これを**循環反応**と呼びます．

　また，この段階の子どもは対象物が視界から見えなくなっても存在し続けるということが理解できるようになります．これは**対象の永続性**と呼ばれ，生後 10 ヵ月くらいになると獲得される認知機能だとされています．たとえば，玩具を布で隠すとその布をはいで玩具を探そうとします．これを利用したのが「いないいないばぁ」という遊びでしょう．1 歳くらいの子どもは母親が手で

顔を覆うと，子どもはその手をはいで母親の顔を見つけ出し，「やっぱりいた！」とばかりに喜びます．

　続く **前操作期** は，2歳から7歳頃までの時期で，言葉を使ってイメージやシンボルを表現することができるようになります．この頃の認知の特徴は，**自己中心性** です．自己中心性とは，自分以外の視点が存在することがわからず，まわりのすべての人も自分と同じように外界を知覚していると確信していることを意味します．ピアジェはこれを，3つ山問題を使って証明しようとしました．図1—2aにあるような，3つの異なる高さの山を並べた模型のAの位置に子どもを立たせ，手前に小さな家を置きます．そして，Cの位置からどのように見えるか尋ねると，自分の立つAの位置からの見え方と同じように家が見えると答えます．このように，他者の視点からの思考が難しいのがこの時期の特徴です．

　また，**保存の概念** が成立していないこともこの時期の特徴です．図1—2bにあるような2つの同じ容器に入った水（A，B）のうち，片方（B）を背の高い別の容器（C）に入れ替えると，前よりも多くなったと答えます．つまり，ものの量はその形が変わったとしても同じままであるという理解ができないのです．これは，水面の高さという知覚的特徴に判断が支配されていることを表しています．

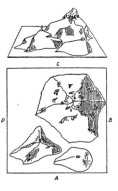

図 1-2a　3つ山問題
（Piaget & Inhelder, 1956）

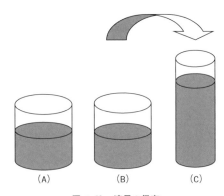

図 1-2b　液量の保存

この前操作期を過ぎると，**具体的操作期** に入ります．7歳から11歳くらいまでの年齢にあたります．この時期になると，先ほどの液量の保存について，同じものを移しただけだから（A）と（C）は同じであるということが理解できるようになります．つまり，何も加えても取ってもいないという「同一性」，元に戻せば同じだという「可塑性」，水面は高くなったが底面積は小さくなったという「補償性」，というような論理的な思考ができるようになるのです．また，3つ山問題についても，自分とは反対側のCの視点からの見え方も理解できるようになります．これを**脱中心化**といいます．

そして11歳以降の認知発達の最終段階を **形式的操作期** といいます．ほぼ大人と同じ思考形態で，具体物を離れた抽象的な次元や言葉での論理的思考が可能になり，推理もできるようになります．たとえば，中学校の数学で学習する負の数は具体的には存在しませんし，方程式で用いるxやyもすべての「解」を考慮に入れた概念を抽象化したものです．

ピアジェは以上のような4つの認知発達の段階を設定し，それらは質的に不連続な発達であるという点を強調しました．これに対してさまざまな批判もなされ，今日ではピアジェに代わる理論も出されるようになってきました．しかし，ピアジェの理論は革命的なもので，現在に至るまで発達心理学に大きな影響を与えています．

2. 心 の 理 論

1980年代，子どもがほかの人にも心があることに気づき，他者の心を理解した行動がとれるかどうかという自己中心性概念についてのさらなる研究と理論発展が起こりました．これが「**心の理論**」です．パペット人形を使い，2つの箱のうち1つにキャンディを入れるところを見せます．その後パペットを退場させ，キャンディを別の箱に入れ替えます．この一連の作業を子どもに見せ，パペットを戻したらどちらを探すと思うか尋ねます．すると，3歳児までは入れ替えた方の箱を探すと答えますが，4歳児では元の箱を探すと答えます．これは，人はそれぞれの視点や思考をするということが理解できるか否かを反映しています．この理論については，**自閉スペクトラム症**（他者とのコミュニ

ケーションの困難さを中心とした障がい）と呼ばれる子どもたちの治療教育の現場
で有用な理論として研究が進められています．

◇◆◇◆◇◆◇◆◇◆◇◆ 第4節　自己と関係の発達 ◇◆◇◆◇◆◇◆◇◆◇◆

1.　児童期までの発達——自己を世界に位置づける

（1）　愛着の形成

　第1節で述べたように，母親の養育行動は赤ちゃんを産む以前からの経験や
学習の成果です．ボウルビイ（Bowlby, J.）は，人間の赤ちゃんは養育者からの
好意的な反応を最大限に引き出すような反射のレパートリーや身体的な特徴を
備えて生まれてくることをあげています．たとえば，乳首へ吸い付く姿を見
て，母親はわが子が自分に体全体から頼りにされていると感じ，愛情を抱きま
す．ほかにも，ローレンツ（Lorenz, K.）は，赤ちゃん特有の容貌が愛情を抱か
せるのに役立っていると指摘しています．大きなおでこ，ふっくらと丸みをお
びた頬，大きく丸い目という容貌が，親にとってはかわいらしく，愛らしく感
じさせるもととなっており，このような特徴は他の生物にも共通しているとい
います．

　また4ヵ月くらいになると，赤ちゃんは自分をにっこりと覗き込む相手に対
して，にっこりと微笑み返すようになります．これを**社会的微笑**といいます．

　乳幼児はともすれば無力で，受身的な存在でしかないと思われがちですが，
こうした特徴は，親にみずからを育てる意欲を起こさせる非常に能動的なもの
だといえるでしょう．乳児が泣けば，親はそばに来て抱き上げます．すると乳
児は機嫌がよくなり，手足を動かし声を出します．このように乳児の行動が親
の行動を引き出し，親の行動がまた乳児の行動を引き出すという相互関係にあ
るのです．

　子どもが養育者との密接な関係を求め，そのあいだにできる情緒的な絆を**愛
着（アタッチメント）**といいます．ボウルビイは，母親と子どものあいだの相互
交渉を維持するための反応（微笑み，すがりつき，発声など）を愛着行動と呼び，
愛着の形成過程を4つの段階で説明しています．

第1段階（12週頃まで）は，周囲の人々一般に対して無差別的な興味と関心がみられ，応答します．視線による追跡や，つかんだり手を伸ばしたりの行動をしたり，人の顔をみると微笑し泣きやみます．

　つづく第2段階（6ヵ月頃まで）では，よく慣れた人とそうでない人を区別し，好みを表すようになります．いつも自分のそばで世話をしてくれる母性的人物を好み，視線を合わせたり，その姿を見ると微笑んだり泣きやんだりするようになります．

　第3段階（2歳頃まで）になると，人見知りや分離不安というような，特定の人に対する強い接近行動と，その人が見えなくなることに対する強い不安や抵抗を示すようになります．また，母親の後を追ったり，帰宅した母親を出迎えるというような探索行動を積極的に行うようになります．

　第4段階（3歳以降）になると，養育者の姿が多少の間見えなくても戻ってくるのを待つことや，養育者以外の大人や仲間との相互交渉をうまくできるようになります．また，母親の目標や期待を推しはかって自分の行動を修正するようになります．いわば役割取得行動の基本的な形態を身につけて，より高度で複雑なコミュニケーションがいろいろな人とできるようになるのです．

　以上のような4つの段階は，順調な親子関係の発達を表しています．しかし，親子の間の接触が少なかったり，親の養育行動が適切でなかったりすると，安定的な愛着関係が形成されません．

　子どもは，自分を保護・養育してくれる大人の存在なしには生きることは難しく，このかかわりが子どもの発達に大きな影響を及ぼします．エリクソンは，乳児期の発達課題として基本的信頼感の形成をあげています．乳児は自分の泣くというサインに対して，哺乳，オムツ換え，抱っこ，次々と自分にとって心地よいと感じられる対応をしてくれる親に対し，信頼感を抱くようになります．これは，自分が親から愛されているという実感を生み，自分への信頼感，ひいては世界に歓迎されて生まれてきたのだという世界に対する信頼感へとつながっていきます．こうした感覚が生涯発達における最初の発達課題であるというのです．

（2） 自我と自己の芽生え

　2歳頃になると,「自我の芽生え」「第一次反抗期」と呼ばれる時期が訪れます.自分は親とは異なる独自の存在であるという意識が芽生え,親の指示を拒否したり強い自己主張をしたりします.これは親の側からすればショッキングな出来事です.しかし適度な反抗は自己表現能力の現れであり,むしろ反抗が起こらない場合,ほかの子どもたちとのかかわりのなかで自己を十分に表現できないという社会性の問題につながる可能性もあります.この原因としては,発達上の問題のほか,親が過保護でいつも子どもの先回りをしたり威圧的であったりして,子どもの自発的で自由な行動を奪っていることなどが指摘されています.

　また従来の研究では,自己理解についての研究は児童期から青年期を対象としたものがほとんどであり,幼児期においては身体的な特徴を中心とした表面的な理解のみで心理的な特徴の理解はないと考えられてきました.

　しかし,デイモンとハート (Damon, W., & Hart, D.) は,「自分のどういうところが好きですか」というような質問に対して,幼児でも自分についての心理的な特徴を語ることを指摘しています.ただし,5歳児までは「いい子」「やさしい」などの肯定的な表現が多く,「わがまま」「いばる」などの否定的な側面からも評価できるようになるのは児童期中期以降だとされています.

　肯定的・否定的の両側面から自分を理解し,評価できるようになるのは主に児童期後期から青年期にかけてです.なかでも,青年期の自己理解は,自己意識の高まりとともに複雑さを増し,さまざまな心理的混乱をもたらすこともあります.

（3） 遊びの構造

　子どもにとって,遊びはあらゆる学習の源であり,とくに社会性の発達にとって欠かすことのできない重要な活動です.パーテン (Parten, M. B.) は,2歳から5歳までの幼児の遊びの発達段階を分類しました (表1−5).

　また1歳半ごろからは,鏡の前でお化粧をする「ふり」や,積み木を自動車に「見立て」て遊ぶようになります.目で見て,耳で聞いた過去の経験を,自分の頭のなかに「イメージ（表象）」として思い描き,これを蓄える内面世界をもち始めた現れといえます.そして3歳頃になると,ふりと見立てを組み合わ

表 1-5　パーテンによる遊びの発達

①何もしていない	遊びに関わらず，何もしないでいる.
②一人遊び	近くにほかの子どもが遊んでいても，互いにかかわりをもたずに，自分だけの遊びを続けている.
③傍観行動	ほかの子どもの遊びをそばで見て，ほかの子どもに関心を示し声をかけたりするが，遊びそのものには参加しない.
④平行遊び	近くに遊んでいるほかの子どもと同じような遊びをするが，互いにかかわりをもたない.
⑤連合遊び	複数の子どもで，同じ内容の遊びを行い，会話などのかかわりは生ずるが，遊びそのものでの役割分担など組織化された遊びはない.
⑥協同遊び	なんらかの目的のもとに組織されたグループで，相互のかかわりだけでなく，役割分担があり，協力関係のある遊び集団を作って遊ぶことができる.

せた「ごっこ遊び」が可能になり，遊びにストーリーが生まれるようになります．複数の子どもが協同で「お母さん役」「お父さん役」などの役割を互いに分担し，ままごとをします．

　そして児童期の中期頃になると，同性，同年齢の，気の合う仲間とのインフォーマルな（クラスや班など，外的な基準で決められたものではない）3〜5人の小集団を形成し，遊びを展開していきます．ここでは連合遊びあるいは協同遊びがほとんどであり，その目的の強さの分だけ排他的になり，他の集団に対しては攻撃的にさえ映るようになります．このような特徴から，「ギャング・エイジ」と呼ばれます．この集団のなかでは，心理的な安定感を得ると同時に，役割分担を通して自己主張や自己抑制，自己調整の能力が高められ，社会的スキルの発達につながっていきます．

2．青年期——自己を問い直す
（1）自己意識の拡大

　青年期は，しばしば「第二の誕生」「自我の発見」と表現されます．これは，自分自身を見つめる活動が活発化し，自己のなかに「見る自分」と，その結果としての「見られる自分」が出現します．「見る自分（主我）」とは，**自我**（ego）ともいわれ，いわば泣きたい時に泣き，笑いたい時に泣くという一人称

の私（Ⅰ）です．それに対し，「見られる自分（客我）」とは，**自己**（self）であり，自分を対象としてみた時の目的格の私（me）です．青年期の自己意識の最大の特徴は，この「見られる自分（客我）」の増大にあります．

　そして社会や重要な他者の影響を受けながら，理想の自己像と現実の自己像を形成します．理想自己とは，行動，性格特性，能力，外見・容貌などに関して，理想的にはこうありたいと望む自己の姿です．それに対し，現実自己とは，あるがままの自己として本人がとらえている主観的な自己の姿を指しますが，これは必ずしも客観的な真実の姿とはいえません．青年期にはこの２つの自己像の狭間で一致の試みを始めますが，２つの自己像が完全に一致することは通常とても困難です．

　現実自己と理想自己のあいだの差異が大きすぎると，なんらかの不適応の原因となります．なぜならば，それらが劣等感を生み，自己評価を低めることにつながるからです．あまりにも高すぎる理想自己は適度なものに修正し，低すぎる現実自己は現実の姿に見合ったものになるように援助を行う必要があります．そして，長所・短所ともに自分というものをいかに受け入れていくかという自己受容が課題になってきます．

（２）　アイデンティティの模索

　アイデンティティとは，エリクソンが提唱した概念で，「自分は誰なのか」「どこから来てどこへ行くのか」という問に対するこたえそのもの，つまり自己の定義づけについての概念です．「自我同一性」あるいは「同一性」と訳されますが，かえってわかりにくくなるため，現在ではアイデンティティという表記のままで使われることも多くなりました．英語ではIdentityと表します．みなさんが普段使うことの多いIDナンバーやIDカードという名称は，英語表記の際の頭文字をとったものです．みなさんが何者であるかを証明する番号であったり，カードであったりするわけです．

　青年期になると，親や教師をはじめとした大人たちから受け継いだ価値観に対して疑問を抱き，（1）の自己意識の拡大を背景として自分自身の力で自己を定義づけようとします．エリクソンは，この自己を定義づけようとする試みである**アイデンティティの危機**を生涯発達の重心である青年期の発達課題に据え

たのです．このなかで青年は役割実験を行い，さまざまな信念（価値観）や行動様式などが試みられたり，あるいは修正されたり，取捨選択され，自己についての概念を探求・統合していきます．

　教師になることを目指している人であれば，教育実習に行ったり，塾講師や家庭教師といったアルバイトをしたりして，教師という役割を実験することが必要です．頭のなかだけで自分が教師に向いているのかと考えているのではなく，実際に教師の役割を実験してみることではじめて，教師という職業についての信念が確かめられたり修正されたり，あるいは教師としての行動様式が身についたりして，最終的に教師としての自分のアイデンティティが統合されていくのです．

　アイデンティティの概念を正確かつ十分に定義づけることは非常に困難ですが，エリクソンはアイデンティティの感覚について，「時間―空間における自分の存在の斉一性（sameness）と連続性（continuity）の自覚，および他人が自分の斉一性と連続性とを認めているという事実の自覚」と表しています．つまり，自分が自分であるという一貫性をもち，過去・現在・未来にわたってそれらが続いていくという実感が自分のなかにあるということ，そしてそれらは社会的関係のなかでも一致しているという自信を意味しています．エリクソンの発達理論は，フロイトの「心理性的理論」と比較して，「心理社会的理論」といわれます．それらは概念の定義にも表れています．

　たとえば，自分は教師になると決め，自分の主観だけで自分は教師であると主張しても，教員採用試験に受かり，学校教育現場で役割をきちんと果たさなければ，それは教師としてのアイデンティティを獲得したことにはなりません．過去から現在，未来にわたって自分は自分であり続け，そして周囲の他者からも是認され，受容されるということが大切なのです．これにより他者もまた，自分と同じようにそれぞれが斉一性と連続性を備えた独立存在であることを理解し，承認できるようになるのです．

　このアイデンティティの発達について，マーシャ（Marcia, J. E.）は４つのステイタス（地位）による変容プロセスを明らかにしています．マーシャは，青年期のアイデンティティの重要な領域として「職業」と「イデオロギー（政

治・宗教)」を設定し，それに対して危機を経験したかどうか，それに対して
どの程度関与しているかという傾倒の程度という 2 つの軸によって，ステイタ
スを分類しました（表 1—6）．日本でも領域を変えて研究がされてきています
が，必ずしも一貫した結果は得られていません．ただし，職業についての進路
決定という課題は，現代日本青年においてもアイデンティティの重要な領域と
なっていると考えられます．

　エリクソンはアイデンティティの確立対拡散を青年期の発達的危機として設
定しましたが，これは青年期のみで終了する課題ではありません．マーシャ
は，大学時代のアイデンティティ・ステイタスと，卒業 6 年後のそれとを比較
する研究を行っています．その結果，大学時代には A（達成）型と判定された
にもかかわらず，6 年後には F（早期完了）型になっている人が多く存在するこ
とを見出しました．F 型は危機を経験していないわけですから，すでに危機を
経験した A 型と判定された後に出現するのは，理論的にはありえないことで
す．しかし，これによってアイデンティティの生涯発達モデルが研究されるよ
うになりました．

　たとえば，フランツ＆ホワイト（Frantz, C. E. & White, K. M., 1985）は，アイデ
ンティティの複線モデルを提唱し，個性化経路と愛着経路の 2 つの軸で生涯に

表 1-6　マーシャによるアイデンティティ・ステイタス

ステイタス		危機の経験の有無	積極的関与（傾倒）	概略	特徴
同一性達成 (Identity Achievement)		すでに経験した	している	幼児期からのあり方について確信がなくなり，いくつかの可能性について本気で考えた末，自分自身の解決に達して，それに基づいて行動している．	
モラトリアム (Moratorium)		現在その最中である	しようとしている	いくつかの選択肢について迷っているところで，その不確かさを克服しようと一生懸命努力している．	
早期完了 (Foreclosure)		経験していない	している	自分の目標と親の目標との間に不協和がない．どんな体験も，幼児期以来の信念を補強するだけになっている．硬さ（融通のきかなさ）が特徴的．	
同一性拡散 (Identity Diffusion)	危機前拡散	経験していない	していない	今まで本当に何者かであった経験がないので，何者かである自分を想像することが不可能．	
	危機後拡散	経験した	していない	すべてのことが可能だし可能なままにしておかなければならない．	

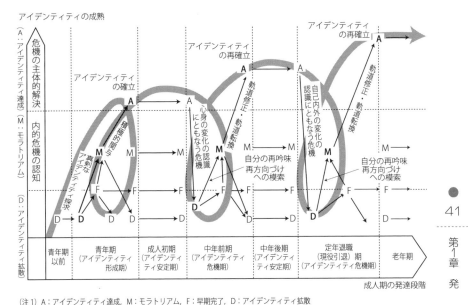

(注1) A：アイデンティティ達成, M：モラトリアム, F：早期完了, D：アイデンティティ拡散

(注2) アイデンティティ形成過程：D ──────→ M ──────→ A（アイデンティティ達成）
　　　　　　　　　　　　　真剣なアイデンティティ探求　積極的関与

　　　　アイデンティティ再体制化過程：(A) ──────→ D ──────→ M ──────→ A（アイデンティティ再達成）
　　　　　　　　　　　　　　　　心身の変化の認識に　自分の再吟味・　軌道修正・
　　　　　　　　　　　　　　　　ともなう危機　　　　再方向づけへの模索　軌道転換

図 1-3　アイデンティティのラセン式発達モデル

(出典：岡本祐子, 1994『成人期における自我一同性の発達過程とその要因に関する研究』風間書店より作成)

わたってアイデンティティは質的な変化を遂げるとしています．また，わが国においても岡本（1994）が成人を対象としてアイデンティティ・ステイタスを研究し，アイデンティティ発達のらせんモデルを提唱しています（図1-3）．青年期で確立したアイデンティティだけでは一生を支えることはできず，中年期・老年期の計3回は少なくともアイデンティティの危機が訪れ，そのたびに再構築が試みられると考えられています．つまり，アイデンティティ・ステイタスは固定化されたものではなく，青年期，ひいては生涯にわたって移行していくものであるということです．

（3）　心理的離乳

　内閣府の調査（2005）などでは，父親・母親に対して反発を感じると答えた

青年の割合はともに調査対象者全体の3割強にすぎず，反対に自分の気持ちをわかってくれると答えた割合は父親に対しては7割弱，母親に対しては8割強となっています．つまりデータをみるかぎり，第二次反抗期を経験している青年の割合はそれほど多くはないといえます．この第二次反抗期の消失・欠如をどのように理解したらよいのでしょうか．

　青年期のアイデンティティの模索においては，親への依存を脱却し，親や大人から受け継いだ価値観の点検・修正・再構築が必然的に要求されます．これを **心理的離乳** といいます．物理的離乳は1歳半くらいで果たされますが，心理的な意味での離乳は青年期まで持ち越されます．この言葉を定義したのはホリングワース（Hollingworth, L. S.）です．青年は主に両親の価値観に基づいた古い習慣を捨て去り，みずからの意思で選択した新しい価値観を習得しようとします．しかし，一人ですべてのことを意思決定し，自分で行動の責任をとることはまだ青年にはできません．そのため，親に依存していたい気持ちと自立したい欲求という両面感情のあいだに葛藤が生じる傾向があります．

　また，心理的離乳とは，第二次反抗期だけを指す言葉ではありません．西平（1990）は親からの離脱・独立・反抗を主たる特徴とする第一次心理的離乳と，親への再接近・親密感・親への客観視を主たる特徴とする第二次心理的離乳の段階に分けて論じています．つまり，反抗は甘えや依存の一形態であり，心理的離乳を達成したとはいえないということになります．まったく依存をしなくなることとはかえって関係上不適応となりますが，依存の方法や焦点化が変化していく必要はあるでしょう．

　そして長い間，第二次反抗期が青年のアイデンティティの確立においては必須であるとされてきました．この立場では，親の子どもに対する投資の長期化・増大が，青年にとって都合のいい親を生み，青年の自立を阻害することになります．こうした両親像の変化がニートやパラサイト・シングルの背景にあるといわれてきました．しかし現在ではこの考えは否定されてきています．たとえば，サントロック（Santrock, J. W., 2003）は，青年―両親関係に関する新しいモデルを提唱し，そこでは青年期においても両親は重要なサポートシステムであり，愛着の対象であるとされています．このような適度な親子間の葛藤が

一般的であり，過度な葛藤は不適応となるという見方が強くなってきています．

（4）友人関係の変容

青年期の友人関係は，家が近所・同じクラスなどの近接的結合よりも，同じ目標・趣味をもつ仲間などの同志的結合や同好的結合によるものが増えます．なかでも，「お互いの人格を認め合い，信じあえる人格的結合を中核とした友人関係」を求めることが指摘され，加齢とともにその傾向は高まるとされてきました（原田, 1989）．また岡田（1992）は，緊密で深い情緒的関係をもつ友人関係は，青年にとって身体的成熟と精神的未熟のアンバランスによる情緒的な不安定さの克服や，両親からの心理的離乳を促すことが指摘されています（岡田, 1992）．松井（1990）も，青年期の友人関係が若者の社会化に果たす役割として，①緊張や不安，孤独などの否定的感情を緩和・解消する存在としての「安定化機能」，②対人関係場面での適切な行動を学習する機会となる「社会的スキルの学習機能」，③友人が自分の行動や自己認知のモデルとなる「モデル機能」の3つをあげています．

このように，青年期の対人関係における大きな課題である「親からの心理的離乳」を果たす上で，友人の存在が自己の安定と成長を促す重要な役割を担っていることが指摘されてきました．

ところが1980年代半ばから，上で述べたような発達的意義にてらして，青年期の友人関係の変化を指摘する言説が多く現れるようになりました．たとえば千石（1985）は，現代青年が友人関係において一人になることを極端に恐れ群れ的な関係をとることや，硬い話題や問題を避けてとりあえず楽しければそれでよいと考えること，互いに傷つけることを極端に恐れ相手から一歩ひいたところでしか関わろうとしないことなどの特徴を指摘しています．そのほか心理学のみならず社会学や精神医学でも同様の指摘がされてきましたが，そこに共通しているのは他者との関係における「やさしさ」概念の変容（情けは人のためになるわけではない）に伴う友人関係の希薄化でした．

現代青年は，自分の身近な友人に対しては，自分を装って過剰なまでに配慮しあわないと関係が維持できず疲弊している反面，直接的な関係のない相手に

対してはまったく無関心・無配慮で，一方的に自分を表出するのみというアンバランスな状態に陥っているといわれます．これはいわば「マリモ」の状態であるといえるでしょう．マリモは，ビンのなかの清水のなかでしか生きられず，その環境変化には非常に敏感です．そして自分を直接取り巻く清水とのみ関係性を保っています．しかし半面，ビンの外側とはほとんど無関係です．内側の水まで影響を及ぼすほどの暑さ寒さでないかぎり，ビンの外側で何が起ころうが，まったく関係ありません．このように現代青年はウチとソトとで関係性が極端に分離されているのです．

　しかしこのような現代青年の内面は安穏としたものでしょうか．これについて藤井（2001）は，ヤマアラシ・ジレンマという現象から実証的に検討しています．ヤマアラシ・ジレンマとは，ショーペンハウエル（Schopenhauer, A.）が寓話の中で示唆したものであり，適度な心理的距離を模索し葛藤する現象を意味しています．ある冬の寒い朝に，ヤマアラシの一群が暖めあおうと身を寄せあうのですが，近づくほど互いの棘で互いを刺してしまって痛い．痛いので離れれば寒い．この2つの難儀のあいだで，試行錯誤の末，最終的に程々の距離を置くことを見つけ出したというストーリーです．これまで哲学や心理学の領域において扱われてきましたが，かつてのヤマアラシ・ジレンマとは，こうして実際に他者と近づいたり離れたりを繰り返すという葛藤を指す言葉でした．

　しかし藤井（2001）によれば，現代青年の友人関係においては，実際に他者と近づいたり離れたりするのではなく，「ここまでなら近づいてもOK，離れてもOK」という自分のなかでの「適度な心理的距離」が前提として存在していることを指摘しています（図1—4）．すなわち，「近づきたいが（自分にとって適度な距離以上に）近づきすぎたくない」，「離れたいが離れすぎたくない」という，自己内でのジレンマとなっていることが現代特有の問題だといえるでしょう．

　以上のように，希薄さを指摘される現代青年の友人関係は，その内面に葛藤を抱え揺れ動いているといえます．かつての大人社会において求められていた複雑で高度な社会的スキルが，今では思春期・青年期からすでに求められています．その結果として，当然のことながら人間関係におけるストレスや疲れ

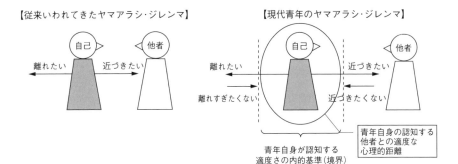

図 1-4　心理的距離のとり方をめぐるジレンマの概念的比較

も，小学生や中学生の段階にまで波及するようになってきています．

　ビンの中で疲弊しきったマリモが，ビンの外側へも関心を向け，関係を構築し，自己存在を布置できるようになるか――．これが現代の青年期の対人関係における大きな課題になってくるのかもしれません．　　　　　　　（藤井　恭子）

＊ 読者のための図書案内 ＊

・内田伸子他　1991　ベーシック現代心理学　第 2 巻　乳幼児の心理学，岩田純一他　1995　第 3 巻　児童の心理学，落合良行他　2002　第 4 巻　青年の心理学［改訂版］，発達心理学の基礎的な理論や知見を学びたい方への入門書としておすすめします．

・無藤隆他（企画・編集）　講座　生涯発達心理学 1〜5 巻　金子書房：生涯発達を専門的に学びたい方におすすめします．発達段階ごとに，理論や研究の枠組みについて詳細にまとめられています．

＊ 引 用 文 献 ＊

上長然（2007 a）．思春期の身体発育と抑うつ傾向との関連　教育心理学研究，**55**，21-33．

上長然（2007 b）．思春期の身体発育のタイミングと抑うつ傾向　教育心理学研究，**55**，370-381．

齊藤誠一（1990）．思春期の身体発育が心理的側面に及ぼす効果について　青年心理学研究会 1989 年度研究大会発表資料．

コラム：メディアと子ども

　メディアとは，本来は情報の伝達を行う媒体をひろく指す言葉です．しかしここで取り上げるメディアとは，書籍など古くからあるメディアではなく，テレビ・インターネットなどここ数十年でひろまった電気・電子機器によってもたらされる情報伝達としてのメディアを指します．その歴史も現在では長いものとなりました．教育におけるメディア利用でもっとも知られているものは，アメリカの児童教育政策であるヘッド・スタート計画をもとに作られた「セサミ・ストリート」の存在，また日本で心理学者を中心にプログラムが研究された「ひらけ・ポンキッキ」の成功などがよく知られています．コンピュータの使用についても，この 10 年で飛躍的な進化を遂げています．

　2002 年に NHK が行った子どものテレビ視聴調査では，2 歳〜6 歳のテレビ視聴時間は，週平均 1 日あたり 2 時間 34 分であり，もはやテレビやビデオなど映像メディアは日本の子どもと切り離して考えることはできません．同様に携帯電話，インターネットなどの使用時間も次第に増加しており，これも日常の生活と切り離すことはできません．

　新しいメディアが子どもに及ぼすポジティブな影響も多く報告されていますが，娯楽的なメディア利用が子どもの創造性や攻撃性に影響を与えるという報告も多く，少なくとも子どもの時期においては，メディアに対する接触にある程度の慎重さが求められていることは間違いありません．

　しかし，メディア使用に対する否定的な問題も，その問題は一時的であったり教育的な介入でかなりを回避できることが知られています．また 3 章でもふれられているように，マルチメディア学習が子どもに与える可能性の大きさから，現在では多くの教育研究者が積極的に有効利用の試みを行っています．　　　　　　　　　　　　（荷方　邦夫）

引 用 文 献

日本放送協会　2002　低年齢で多いビデオ利用　NHK「放送研究と調査」

学習と動機づけ

学習は人間にとって欠かせないものです．学習という能力が備わっているからこそ，新しい状況に柔軟に適応したり，新しい価値を生み出したりすることが可能になり，社会や文化を形成することができます．

本章では，学習と動機づけについて，3つのトピックに分けて解説します．第1に，教育心理学の歴史のなかで重要な学習理論を紹介します．古典的ではありますが，教育心理学を学ぶ上で是非知っておきたい知見です．第2に，情報処理論について紹介します．人間を一種の知的機械（コンピュータ）と見なし，学習に関わる諸相を明らかにします．第3に，動機づけに関する理論を紹介します．学習と動機づけは表裏一体の関係です．学習を進めるためには，動機づけは不可欠です．

以上のトピックは，知識として知るだけではなく，実践場面で役立ててほしいと思います．自分自身が学習する場合，自分が教育者として教壇に立つ場合，その他さまざまな実践的場面を想像しながら読んでみてください．

❖❖❖❖❖❖❖❖❖❖ 第1節　学習の理論 ❖❖❖❖❖❖❖❖❖❖

教育心理学のなかで**学習**を定義すると，「経験による，比較的永続的な，行動や認知の変化」とすることができます．ここでいう「経験による」とは，なんらかの訓練や練習によるという意味です．たとえば，薬物や手術による変化は含みません．また，「比較的永続的な」とは，その場かぎりではないということです．たとえば，家に帰ったら手を洗うように言われた子どもがその場で手を洗っても，次の日に忘れていたら，学習とはいえません．

本節では，教育心理学を学ぶ上で是非知っておきたい，代表的な学習理論を紹介します．

1. 古典的条件づけ（レスポンデント条件づけ）

「レモンや梅干を見ただけで唾液が出てきた」という経験は，誰でもあるのではないでしょうか．これは，レモンが酸っぱいという経験と，酸味が唾液の分泌を促進するという人間の生得的な反応が結びついたものです．つまり，レモンや梅干しを見て唾液が出てくる反応は，学習によって形成されたものです．

このような学習のメカニズムは，**古典的条件づけ**（または，**レスポンデント条件づけ**）と呼ばれます．**パブロフ**（Pavlov, I. P.）は，「**パブロフのイヌ**」と呼ばれる実験により，古典的条件づけについて検証しました（図2−1）．

イヌは，肉（食べ物）を見ると唾液が出ます．パブロフは，肉を与える時には必ずベルの音を聞かせるようにしました．これを十分にくり返した後，肉を与えないでベルだけを鳴らしてみると，唾液の分泌が確認されました．これは，ベルの音と唾液の分泌の結びつきが学習されたと解釈することができます．

古典的条件づけの理論では，この結びつきを**連合**と呼びます．また，学習成立前では，肉を**無条件刺激**，唾液分泌を**無条件反応**，ベルの音を中性刺激と呼びます．学習成立後，ベルの音を**条件刺激**，唾液分泌を**条件反応**と呼びます．

もう一つの例を考えましょう．**ワトソン**（Watson, J. B.）は，生後11ヵ月のアルバート坊やに対して，シロネズミを見せると同時に，突然大きな音を鳴らすことをくり返しました．突然の大きな音は，アルバート坊やに対して，泣き出す，怖がって逃げるという恐怖反応を引き起こします．はじめは，シロネズミだけでは泣き出したり，逃げたりしなかったのですが，徐々にシロネズミを怖がるようになりました．これは，シロネズミと恐怖の連合が学習されたと考えることができます．

さて，このような学習をしたアルバート坊やは，ウサギに対しても怖がる反応を見せました．これは，シロネズミと類似する性質をもつものに対しても，恐怖との連合が成立し

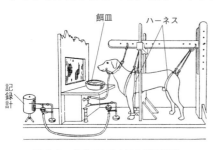

図 2–1　パブロフのイヌの実験装置
（重野純，1984『心理学入門』北樹出版より）

ていると考えることができます．このように，条件刺激と類似した刺激に対しても学習された反応を示すことを，**般化**と呼びます．

なお，学習についての研究では，アルバート坊やのように人間を対象としたものだけではなく，ネズミやネコ，イヌなどを対象としたものがあります．進化的に見て，その知見は人間にも応用できると考えられています．

2．試行錯誤学習

買ったばかりの新しい携帯電話で，はじめてメールを送る場面を考えてみましょう．取扱説明書は見ないことにします．おそらく，さまざまなボタンを押してみたり，画面に表示されたメニューを見たり，みずから自発的に試行錯誤をくり返すでしょう．そして，試行錯誤のなかでうまくいった操作を学習します．

このように，試行錯誤を通して成立する学習を，**試行錯誤学習**と呼びます．**ソーンダイク**（Thorndike, E. L.）は，ある操作をすると扉が開くしくみの**問題箱**と呼ばれる箱（図2—2）にネコを閉じこめ，ネコが試行錯誤学習を成立させる様子を観察しました．

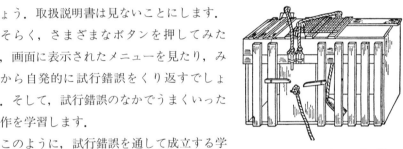

図 2-2　ソーンダイクの問題箱
(重野純，1984『心理学入門』北樹出版より)

3．道具的条件づけ
（オペラント条件づけ）

スキナー（Skinner, B. F.）は，試行錯誤学習の理論をさらに発展させ，図2—3のような装置を考案し，**道具的条件づけ**（または，オペラント条件づけ）についての研究を行いました．先に例を

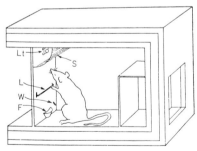

ネズミがL（レバー）を押すと，F（餌皿）に餌が落ちてくる，Wより水が飲めるようになる，Lf（ライト）がつく，などのしくみがある．

図 2-3　スキナーボックス
(山内宏太朗，1991『はじめての心理学〔増補版〕』北樹出版より)

あげた携帯電話の操作のように，日常でわれわれは，新奇な環境に対して自発的にはたらきかけ，学習をします．道具的条件づけは，自発的な行動に基づく学習を扱います．それに対して，古典的条件づけにおけるベルの音やシロネズミの刺激は，外界から与えられるものです．自発的な行動に基づくかどうかという点が，古典的条件づけと道具的条件づけの違いです．

　たとえば，イヌに「お手」を学習させることを考えます．飼い主が手を出した時，偶然にイヌが手を乗せることがあるでしょう．その時，エサを与えると，イヌはエサがほしいので，次も手を乗せる行動をしようとするでしょう．はじめは，手を乗せる行動が頻繁に出るわけではありませんが，手を乗せたらエサを与えるということをくり返すうちに，徐々にその行動の生起する頻度が上がるはずです．

　道具的条件づけの理論では，イヌが手を乗せるような，自発的に起こした行動を **オペラント行動** と呼びます．また，オペラント行動が確実に起こるようにすることを **強化** と呼び，エサのように強化をするための刺激を **報酬** と呼びます．

　子どもが良いことをしたとき，ほめるということはよく行われます．このことは，道具的条件づけの枠組みで考えることができます．子どもが行った良いことはオペラント行動です．このオペラント行動を強化するために，ほめるという報酬を与えるのです．

　一方で，子どもがイタズラをした時には叱ります．叱ることにより，イタズラを行わないようにさせます．このことも，道具的条件づけの枠組みで考えることができます．イタズラがオペラント行動で，このオペラント行動が起きないようにします．これを **罰** と呼びます．ただし，あまり叱りすぎるのも禁物です．不快なことが回避できない状態に長く置かれると，「何をやってもだめ」ということを学習してしまいます．これを **学習性無力感** といいます．他にも罰にはさまざまな欠点があり，罰は控えた方がよいでしょう．

　道具的条件づけの理論は，**プログラム学習**や**シェイピング**といった学習技法に応用されています．これらの方法は，今日でも利用され，成果を上げています．

4．観察学習

　ここまでに紹介した条件づけは，学習する主体がみずから行動を起こすことによって学習が進むという理論でした．しかし，たとえば，新しくできたファーストフード店で注文のしかたがわからない時，われわれはほかのお客を観察して，それをまねて注文することができます．つまり，みずから行動をしなくても，他人の行動を観察することによってもわれわれは学習することができます．

　バンデューラ（Bandura, A.）は，他者の行動を観察することによって成立する学習を**観察学習**（あるいは，モデリング）と呼びました．バンデューラは，暴力行為を観察した子どもが，暴力行為を学習する様子を検証しました．これに関連して近年問題になっているのは，映画やゲームの暴力映像の影響です．暴力映像を観察することによって，子どもが暴力のしかたを学んでしまい，実行してしまうのではないかと危惧されています．暴力映像が具体的にどの程度悪影響を及ぼすのか，現在でも議論が続けられています．

5．概念学習

　人間は，**概念**を使って思考をすることができます．概念とは，事物に共通している性質をまとめた抽象的な存在です．たとえば，スズメ，カラスなどは鳥という概念にまとめられ，さらにその上位に動物という概念にまとめられます．概念を使うことによってはじめて人間の知的な思考が可能になります．

　では，概念はどのように獲得されるのでしょうか．先駆け的な研究として，**ブルーナー**（Bruner, J. S.）らは，図2―4のような図形を使い，「形が四角で，数が3つ」といったような概念が学習されるプロセスを研究しました．本書では割愛しますが，概念学習の問題は，次節で述べる情報処理論によって，さらに研究が続けられています．

6．学習の認知理論

　学習の成果は，常に観察できる形，つまり行動の形で現れるとは限りません．学習のなかには，目で見て観察できない変化もたくさんあります．たとえば，子どもがカレー作りの手順を学習する場面を考えましょう．野菜を切り，

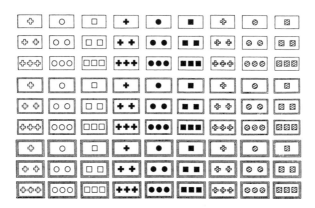

図 2-4 ブルーナーらが用いた図形
(橋本仁司, 1988『新版　入門心理学』北樹出版より)

炒め，煮るという作業をスムーズに行っている子どもたちがいても，その理解の程度は異なるはずです．ある子どもは，単に手順を丸暗記しているでしょう．一方で，ある子どもは，カレー以外の料理に応用する方法や，より効率的に作る方法を考案しているかもしれません．学習には，目で直接観察できる「行動の変化」だけではなく，直接観察することができない「認知の変化」があります．

　認知の変化を考察した先駆け的研究として，**ケーラー** (Köhler, W.) の研究があります．ケーラーは，手の届かないエサを取るために棒を使うサルの様子を観察しました．このなかで，棒を使えばよいという気づきを得ることを**洞察**と呼びました．洞察では，自分の置かれた状況や自分の過去の経験を統合して考えるプロセス，つまり認知の変化が起こります．洞察は，われわれが「あ，そうか！」と思う体験と同じで，**アハー体験**とも呼ばれます．

　このような認知の変化に対する考察は，次節で述べる学習の情報処理論に引き継がれます．

❖❖❖❖❖❖❖❖❖❖❖ 第2節　学習の情報処理論 ❖❖❖❖❖❖❖❖❖❖❖

学習の認知理論は，1950 年代以降，**情報処理論**として飛躍的な発展を遂げま

した．学問領域としては，**認知心理学** と呼ばれます．認知心理学とは，人間を特殊な知的機械と見なし，コンピュータと比較して人間が得意なことや苦手なことを明らかにする学問です．たとえば，コンピュータは同じ作業をくり返すことが得意ですが，人間は同じ作業をくり返すと飽きてしまします．一方で，予想できない事態への柔軟な対応は人間の方が優れていて，コンピュータは決まりきったことしかできません．

学習することは，記憶することと言い換えることもできます．本節では，認知心理学が明らかにした**記憶**の理論を中心に紹介し，学習について考えます．

1. 記憶のプロセス

記憶の段階は，次の3つに分けることができます．

最初の段階は，**符号化** です．人間は，目で見た情報や耳で聞いた情報を，脳に保存できる形式に変換しなければなりません．その変換の段階を符号化と言います．次の段階は，**貯蔵** です．符号化された情報は，脳の記憶スペースに保存されます．

最後は**検索**です．記憶というと，貯蔵することで完了すると考えることもできますが，記憶された情報は思い出されて（想起されて）利用されなければ意味がありません．その思い出す段階を検索と呼びます．検索という用語を使う背景には，貯蔵されたさまざまな情報から，その時に必要な情報を探し出すということがあります．われわれは，しばしば忘れること（忘却）を経験します．この忘却の原因の多くは検索の失敗にあることが明らかになっています．

2. 記憶の2重貯蔵モデル

アトキンソン（Atkinson, R. C.）と **シフリン**（Shiffrin, R. M.）は，情報が貯蔵されるスペースには，**短期記憶**（または，短期貯蔵庫）と**長期記憶**（または，長期貯蔵庫）があるという**2重貯蔵モデル**を提案し，今日では記憶の基礎理論として受け入れられています（図2−5）．

短期記憶は，数十秒程度の短時間だけ情報が保持されるスペースです．また，保持できる情報の量も限られています．**ミラー**（Miller, G. A.）は，短期記

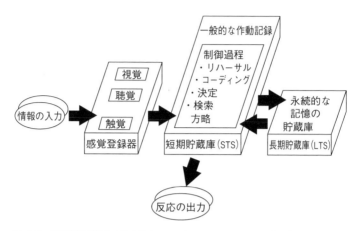

図 2-5　2重貯蔵モデル（安齊順子，2007『あたりまえの心理学』文化書房博文社より）

憶の容量がおよそ7±2チャンクであるとして，「**マジカルナンバー7**（magical number seven）」と呼んでいます．±2は個人差です．**チャンク**とは，情報の「まとまり」を意味する単位です．たとえば，「K」「H」「N」といったアルファベットはそれぞれ1チャンクです．一方，「NHK」は，それで一つのまとまりを形成するので，1チャンクです．アルファベットを知らない子どもは，「H」であっても，縦の棒，横の棒，といったように部分で解釈するので，2チャンク以上です．

　短期記憶は，脳のなかにある，情報を操作する作業スペースでもあります．外界からの情報や，次に述べる長期記憶の情報のなかから必要なものを選び，短期記憶に保持し，情報を整理したり，その情報をもとに思考したりします．作業スペースという意味を強調し，短期記憶を**作業記憶**（または，作動記憶，ワーキングメモリ）と呼ぶこともあります．

　長期記憶では，情報を永続的に貯蔵することができます．また，貯蔵できる情報量も無限であるといわれています．

　目で見たり，耳で聞いたりした情報は，符号化され，短期記憶に情報が転送されます．短期記憶に転送された情報を保持するには，**維持リハーサル**（単にリハーサルと呼ばれることもある）という作業を行わなければなりません．たとえ

ば，携帯電話に電話番号を登録する場合を考えます．番号を耳で聞いて，一時的に短期記憶に番号を保持し，携帯電話に入力します．この時，覚えた電話番号を忘れないように，くり返し心のなかで唱えるのではないでしょうか．これが維持リハーサルです．

　短期記憶からはいずれ情報が失われてしまうので，長期間保持しておかなければならない情報は，長期記憶に転送する必要があります．長期記憶への情報転送は，維持リハーサルを行うことによってもある程度可能ですが，あまり効率がよくありません．効率のよい情報転送の方法は，**精緻化リハーサル**，あるいは単に**精緻化**と呼ばれる方法を使います．維持リハーサルと精緻化リハーサルの違いは，維持リハーサルが記憶したことをそのままくり返すことに対して，精緻化リハーサルは情報をさまざまな形式に変換したり，既有の知識に関連づけたりします．

　たとえば，bird という英単語を覚えることを考えましょう．単に，頭のなかで bird, bird, bird……とくり返すことは，維持リハーサルです．たとえば，鳥の飛んでいる姿をイメージしながら，bird という単語を覚えることは，イメージ化と呼ばれ，精緻化の一つです．また，「bird の発音のしかたは girl と似ている」などと，みずからの既有知識との関係を考えながら記憶することもあると思います．これは，既有知識との関連づけという精緻化の一種です．このほかにも，2 の平方根を「一夜一夜に人見ごろ」と語呂合わせで覚えることも精緻化の一種です．

　2 重貯蔵モデルのなかで，効率的な学習とは何かを考えてみましょう．それは，長期記憶に効率よく情報を転送することです．まず，長期記憶に至る以前に短期記憶に情報を蓄える必要があるので，多すぎる情報を一度に与えることは逆効果です．多くても，マジカルナンバー 7 を超えない程度が望ましいでしょう．近年の研究では，短期記憶の容量は実際にはもう少し少なく，4±1 チャンクであるという指摘もあり (Cowan, N., 2001)，4 項目程度が適切かもしれません．また，精緻化を促すことも重要です．単なる維持リハーサルにとどまらず，イメージ化したり，意味づけをしたりといった方法を積極的にとるようにすれば，学習が効率的に進むと考えられます．

3. 知　　識

　われわれが学習した内容，つまり**知識**は，長期記憶に蓄えられています．一口に知識といっても，さまざまな種類があります．

　知識は，大きく分けて，**宣言的知識**（または，宣言的記憶）と**手続き的知識**（または，手続記憶）に分けられます．宣言的知識とは，「日本の首都は東京である」，「昨日，駅前の売店でコーラを買った」などのような，事実についての記憶です．一方で，手続き的知識は，自転車の乗り方，一次方程式の解き方といったように，一定の手順あるいはパターンに関する記憶です．同じことをくり返す（練習する）ことで獲得され，意識せずに利用することができます．

　宣言的知識は，さらに**エピソード記憶**と**意味記憶**に分けられます．「昨日，駅前の売店でコーラを買った」といったような，自身の経験に基づく記憶をエピソード記憶と呼びます．一方で，「日本の首都は東京である」といったように，真実に関する記憶を意味記憶と呼びます．学校における教科の学習は，この意味記憶を充実させることが一つの目的になっているといえるでしょう．

　宣言的知識の学習は，はじめは「今日の授業で，先生が日本の首都は東京だとおっしゃっていた」といったエピソード記憶から始まります．このような経

第1部　教育心理学総論

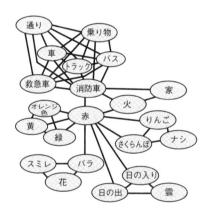

図 2-6　意味記憶のネットワークモデル
(Collins, A. M., & Loftus, E. F., 1975 Aspreading-activation
theory of semantic processing. *Psychological Review*, 82, 407-428.
森敏昭他，1995『グラフィック認知心理学』サイエンス社より)

験がくり返されると，多くのエピソードのなかから「日本の首都は東京である」という「意味」が抜き出され，意味記憶が形成されます．

　意味記憶は，脳のなかでどのように蓄えられているのでしょうか．脳のなかで記憶が蓄えられている形式を**表象**と呼びます．これまでの研究から，意味記憶の表象は，図2—6のような，ネットワークのような形であると考えられています．ある情報が活性化すると，ネットワークを通じて活性化が伝播し，関連する情報が活性化します．これを**活性化拡散**と呼びます．

4．文章の理解

　多くの学習は文章をもとに行われます．われわれは，文章をどのように読んでいるのでしょうか．**キンチ**（Kintsch, W.）は，文章の読みの深さを3段階に分類しています．最初は，**逐語的理解**の段階です．文章の単語一つひとつが何を意味するのかについて分析をしている段階です．次が**テキストベースの理解**です．単語と単語の関係を分析し，文章の意味内容が理解されている段階です．最後に，**状況モデルの理解**の段階です．既有の知識と文章の内容が結びつけられている段階です．状況モデルの段階まで理解が進むと，情報はイメージのような形式に精緻化されます．

　文章の情報だけからの理解，つまりテキストベースの理解は，「覚えている」状態と言い換えることができます．自分の知っていることと関連づけるようにすると，「覚えている」状態から「使える」状態の知識になります．本当の意味の学習とは，状況モデルの理解の段階までの深い理解であるべきです．

　状況モデルの理解をするための方策の例を2つあげておきます．1つは，意識的に既有の知識と関連づけることです．これは，先に述べた精緻化と同じです．もう1つは，図や絵を上手に使うことです．先にあげた意味記憶のネットワークモデルも同様ですが，表象は最終的にはイメージのような状態になります．そのため，はじめからイメージを利用した情報提示をする，つまり状況モデルの理解の状態に近い情報を提示すると，状況モデルの理解がしやすくなります．物語や説明文に挿絵が使われる背景には，このような効果の期待があります．また，マンガによる説明がわかりやすいことも同様です．

5. メタ認知

われわれは，「自分が今行っていること」を意識することができます．このように，自分の認知を管理する機能を**メタ認知**と呼びます．

メタ認知は2つの機能に分けられます．1つは**モニタリング**で，自分の状態を監視する機能です．今，あなたが「何をしているのか？」と問われれば，「教育心理学の本を読んでいる」と答えることができます．もう1つは**コントロール**で，状態に合わせて自分の行動や方略（何かのやり方）を変化させる機能です．たとえば，英単語を覚えるとき，とにかく書いて覚える（反復方略）よりも，似たような単語をまとめて覚える（体制化方略），イメージして覚える（精緻化方略）によりコントロールするとよいでしょう（堀野・市川, 1997）．

適切なメタ認知は，効率的な学習を促します．たとえば，数学の公式を覚える時には，公式を単に暗記するよりも，その式がどうして成立しているのかを考えた方が，結果的によく覚えられるでしょう．教育場面では，内容そのものだけではなく，効率のよい方略，つまり「学習のしかた」を教えることも重要であると考えられます．

❖❖❖❖❖❖❖❖❖❖❖ 第3節　動機づけの理論 ❖❖❖❖❖❖❖❖❖❖❖

学習は**動機づけ**があってはじめて成立します．動機づけが低ければ，学習の効果は低くなってしまうでしょう．さらに動機づけが低ければ，学習を行わなくなってしまいます．本節では，学習と表裏一体の関係にある動機づけについて，代表的な理論を紹介します．

1. 欲求と動機づけ

動機づけの源として，人間がもつ欲求があります．たとえば，われわれは食事をしなければ生きていけないので，食事をとるように動機づけられます．また，人間は社会のなかで生きているので，社会のなかで自分を認めてもらえるように，仕事や勉強をしたり，人のために働いたりするように動機づけられます．人間の欲求を整理・分類したものとして，マズローの欲求階層説がありま

す（第7章参照）.

2. 外発的動機づけと内発的動機づけ

　動機づけを分類する観点はいくつかありますが，そのなかの一つに **外発的動機づけ** と **内発的動機づけ** があります.

　外発的動機づけは，親に叱られるから勉強する，ご褒美がもらえるからお手伝いするといったような，他者からの働きかけに基づく動機づけです．外発的動機づけは，次の2点で特徴づけられます（中谷, 2006）．1つは，手段性です．手段性とは，動機づけられた行動は最終的な目的ではなく，それによって生ずるメリット（叱られない，ご褒美がもらえる）により動機づけられるということです．もう1つは他律性です．これは，自分ではなく他人からの働きかけによることを指します.

　内発的動機づけは，おもしろいから勉強する，楽しいから絵を描くといったような，活動そのものの興味・関心に基づく動機づけです．特徴として，外発的動機づけと反対の性質をもちます．1つは目的性です．これは，活動そのものに興味・関心が向けられていることを指します．もう1つは自律性です．これは，自分自身が活動に興味・関心をもつことを指します.

　従来，内発的動機づけが望ましく，外発的動機づけは望ましくないと言われることもあります．しかし，はじめは外発的動機づけでも，しだいにその活動自体に興味・関心が移り，内発的動機づけに移行していくことも考えられます．また，外発的動機づけにより，素早く必要な学習をさせるべき場面もあるでしょう．つまり，外発的動機づけと内発的動機づけをバランスよく利用し，可能な場面では内発的動機づけを重視する，という立場が望ましいと考えられます.

3. 帰 属 理 論

　なんらかの失敗をしてしまった場面を想像しましょう．われわれは，その原因を求めたくなるはずです．人間は，なんらかの結果を得た時，その原因を探ろうとします．これは人間の基本的性質であり，**原因帰属** と呼びます.

　原因帰属のパターンは，次の2つの次元で分類することができます（図2-

図 2-7 原因帰属の分類

7). 1つは統制の位置で，原因が自分の内側にあるか，外側にあるかにより分類します．もう1つは安定性で，原因が時間を超えて安定しているかどうかにより分類します．成功や失敗の原因をどの要因に帰属させるかによって，その後の動機づけが異な

ります．たとえば，試験に失敗した時，その原因が能力にあると考えると，能力は以後も続く安定的な要因なので，未来への期待を失い，その後の勉強の動機づけが低くなってしまうでしょう．また，失敗の原因を努力に帰属させると，努力不足を補おうとして動機づけが高くなると考えられます．ただし，十分な努力にもかかわらず失敗し，その原因が努力にあると帰属すると，自尊心が傷つけられたり，学習性無力感に陥ったりする可能性があります．場合によっては，「今回は運が悪かったな」といったように，運に帰属することも必要でしょう．

4. 期待・価値理論

　目の前にある課題を達成できる確率が高い方が，低いよりも動機づけが高まるでしょう．また，課題を達成することにより生じる価値が高い方が，低いよりも動機づけが高まるでしょう．われわれは，ある課題を達成しようと試みる時，その課題が達成できるかどうかの期待と，達成することにより生じる価値を評価し，その課題を実際に行うかどうかを決定します．このように，動機づけが期待と価値の認知によって決定するという考え方を，期待・価値理論と呼びます．

　期待・価値理論で重要なことは，「動機づけ＝期待×価値」という「積」で動機づけの度合いが規定されることです（鹿毛，2004）．つまり，価値がどんなに高くても期待がなければ動機づけは低く，逆も同様です．授業場面では，期

待と価値の双方を実感できるようにすることが有効であると考えられます.

（島田　英昭）

＊ 読者のための図書案内 ＊

・杉山尚子　2005　行動分析学入門―ヒトの行動の思いがけない理由　集英社新書：学習理論の基礎がやさしく解説されています.
・森敏昭・井上毅・松井孝雄　1995　グラフィック認知心理学　サイエンス社：認知心理学（情報処理論）についての入門書としてお勧めできます.
・奈須正裕　2002　やる気はどこから来るのか　北大路書房：動機づけ理論についてわかりやすく解説されています.

＊ 引 用 文 献 ＊

安齊順子（編著）(2007). あたりまえの心理学　文化書房博文社
Cowan, N. (2001). The magical number 4 in short-term memory : A reconsideration of mental storage capacity. *Behavioral and Brain Sciences*, **24**, 87-114.
橋本仁司（編著）(1988). 新版　入門心理学　北樹出版
堀野緑・市川伸一（1997). 高校生の英語学習における学習動機と学習方略　教育心理学研究, **45**, 140-147.
鹿毛雅治（2004).「動機づけ研究」へのいざない　上淵寿（編）動機づけ研究の最前線　北大路書房　pp.1-28.
森敏昭他（1995). グラフィック認知心理学　サイエンス社
中谷素之（2006). 動機づけ―情意のはたらき　鹿毛雅治（編）教育心理学　朝倉書店　pp. 120-137.
重野純（1984). 心理学入門　北樹出版
山内宏太朗（編著）(1991). はじめての心理学　増補版　北樹出版

コラム：リテラシー

　リテラシーとは本来，読み書きなどの能力を指した言葉です．しかし現代では単に読み書きのような文字が関わるものに限らず，映像や音声などさまざまな媒体よって伝達される，あらゆる情報の受容・理解・活用といった情報処理・情報活用の能力全体を指すことが多く，リテラシーという概念はより幅広い意味で使用されています．たとえば，ある個人が携帯電話やコンピュータが自由に扱えるような能力をもつ時，情報リテラシーが高いといった呼び方をしますが，これもこの概念の拡張の１つです．

　リテラシーがあるということは，われわれにどのような能力があることを意味しているのでしょうか．2009 年に提示された OECD の国際学力調査（PISA）では読解力を対象にしたテストを行い，リテラシーの構造について，情報の取り出し，テキスト（文章）の解釈，熟考と評価という３つの要素から構成されていると考えられています．情報の取り出しや解釈については，単に情報についての知識をもつだけでなく，提示された情報を取り出すためには，文章や映像が情報提供のためのスタイルをもっており，そのスタイルについての知識（表現の慣習知識）をもっていることなども重要であるとされています．たとえばテレビの回想シーンが回想であるとわかるために，画面をセピア色に変えたりするその「約束ごと」がこれにあたります．また，ある情報に直面した時，それをこれまで見たことがあるかとか，これまでにほかの情報を利用した時の知識が利用できるかといった，自己のモニタリングやプランニングに関する能力（メタ認知的能力）が豊かであることも，リテラシーにとって重要な要素であると考えられています．

　現在の教育心理学でも，本書の第一部で取り扱っているようなテーマは，その理論的な根拠・背景として，認知心理学と呼ばれる研究領域・研究スタイルを重視しています．認知心理学は人間の視覚や記憶，思考や言語など「わかる」働きに関するさまざまな問題の解明を目的の中心としています．その意味で，教育心理学は広い意味でのリテラシーを対象にした研究が多いのです．

（荷方　邦夫）

hapter
3
学習指導と教育工学

　この本を読む人のなかにも「勉強が苦手」,「勉強が嫌い」という人は沢山いるでしょう. むしろ, 勉強が好きでたまらない！ という人の方が世の中ではおそらく少数派ですから, 苦手で嫌いという反応の方がむしろ普通であるといってもよいと思います. それでもなんとかうまく勉強したいと願い, 良い勉強法はないかと考え続けたのではないかと思います.

　毎日の学習を考えると, 私たちはなかなか良い学習方法には出会わないようにみえます. それでも数百年ほど前, ヨーロッパではムチによって暗記が強制され, アジアでは「読書百遍, 意自ずから通ず（百回読めばわかるようになる）」という方法が多くの人に親しまれていたことを考えると, 現代の私たちの方法はずいぶん進化しているのかもしれません. ここではみなさんたちがこれまで勉強してきた方法がどのような意味をもち, どのような理論でできていたのかについて紹介します. また, 新しい教育方法の理論も紹介します. この章から, もっと学習がうまくいく方法をみんなで考えてみましょう.

◇◇◇◇◇◇◇◇◇◇◇ 第１節　学習指導の理論 ◇◇◇◇◇◇◇◇◇◇◇

1.　学習の規定因

　私たちが学習を行い, 学習が成立するためには, 何が必要なのでしょうか. 学習が成立すること自体は, 学習内容があること. そして学習内容が比較的長期, あるいは永続的に個人のなかに保持されること, の２つによって成り立っています. この学習がうまくいくためには, 次のような条件があります.

（1）　学習者の要因

　学習者の側に学習のための準備ができていることは必要です. たとえば方程式の学習ができるためには, あらかじめ加法や乗法などの四則演算ができるよ

うになっておくことが必要です．このほか，論理的な思考を必要とするような内容の場合，ピアジェのいう論理的思考（第2章参照）の発達段階にある方が，それ以前の発達段階にあるより効果的に学習可能です．この準備の状態を**レディネス**といいます．

　また，学習者の個性によっても学習は大きく異なります．たとえばケイガン（Kagan, J.）は，課題解決の反応パターンに注目し，反応は遅いが誤りが少ない熟慮型と，反応は速いが誤りも多い衝動型があることを示しています．このような違いを**認知スタイル**といい，学習者の学習自体に影響を与える重要な個性であると考えています．そのほか性格における内向—外向も，学校での適応に差があるため，学習のパターンには違いがあります．

（2）　練習の要因

　学習内容をくり返し練習することも，学習内容を長期にわたって身につける条件の1つです．記憶など学習を保持するための方法として，**リハーサル**（2章参照）とよばれるくり返しが重要となります．また，くり返し方にもいくつかのパターンがあります．逆上がりのような技能に関するものは一般に，同じことを集中的に反復する**集中学習**（全習法）が効果的であるとされます．これに対して，概念の記憶のようなものは何回かに分けて学習する**分散学習**（分習法）の方が効果的であるとされています．

（3）　動機づけの要因

　生徒を学習に向かわせる**動機づけ**（2章参照）も，学習自体を開始させ，持続させるための重要な要因です．**動機**づけには賞罰のような**外発的動機づけ**のほかに，知的好奇心や競争心，達成動機のようなさまざまな**内発的動機づけ**があり，どれもが学習に向かわせるための強力な推進力として働きます．

（4）　学習の三角錐モデル

　ダーリング＝ハモンド（Darling-Hammond, et.al., 2008）は，学習についての三角錐モデル（図3—1）を提唱し，学習者にとってどのような教育を提供するか，そして教育において考慮するべき点は何かという視点を示しています．

　このモデルでは，学習者の要因に相当する学習者の特徴が一つの頂点となっている他，指導の内容や方法，そしてどのような評価を行って教育の効果を測定す

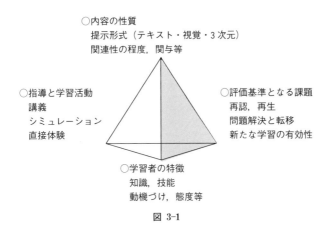

○内容の性質
　提示形式（テキスト・視覚・3次元）
　関連性の程度，関与等

○指導と学習活動
　講義
　シミュレーション
　直接体験

○評価基準となる課題
　再認，再生
　問題解決と転移
　新たな学習の有効性

○学習者の特徴
　知識，技能
　動機づけ，態度等

図 3-1

るかといった考え方が，一つのセットとして学習を規定すると考えています．

2. プログラム学習

　第2章でふれたオペラント条件づけの理論を応用した指導方法が**プログラム学習**です．スキナー（Skinner, B. F.）はシェイピングと呼ばれる行動形成の技法を用いようとしました．スキナーは目標となる行動までを小さいステップに分け，これらをオペラント学習によって達成まで支援することを考え，これをプログラム学習と名づけたのです．プログラム学習は，到達すべき教育目標に対して学習内容を細かく分けて配列します．学習者はこれらの配列を次々に解答し，そのつど正誤のフィードバックを受けます．

　スキナーはプログラム学習の原理として積極的反応の原理（学習者の主体的な取り組みによって学習が成立する），スモールステップの原理（小さな達成課題が次々にやってくる），即時フィードバックの原理（プレイの結果がすぐにフィードバックされる），マイペースの原理（自分の好きなペースで参加してよい）をあげています．また，学習者検証の原理といって，作られたプログラム自体は，学習者の反応によって良いプログラムかどうか改めて検証されます．

　スキナーが考えたプログラムは直線的プログラムといって，図3—2のような一直線に学習内容が配列されたものでしたが，学習者が間違った解答をした場合，これに応じて必要な追加学習を分岐しながら配列したものが，クラウダ

第3章　学習指導と教育工学

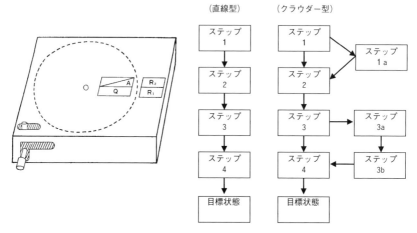

（直線型）　　（クラウダー型）

図 3-2　ティーチング・マシンとプログラム学習

一の枝分かれプログラムです．

　プログラム学習はもともと，「ティーチングマシン」と呼ばれる道具を用い
て学習を行うことを想定したこともあり，後に登場するコンピュータを用いた
学習（CAI；第３節，2. 参照）に適しています．また，この理論を用いた教育プ
ログラムも多くみられます．

3.　発　見　学　習

　スキナーの理論は，刺激―反応（S→R）という行動主義心理学の考え方に
即しているものでした．これに対して，人間の内側での理解のプロセスにより
焦点をあてた認知心理学という観点から学習を考えたのがブルーナー（Bruner,
J.）です．ブルーナーはプログラム学習のように学習者が，与えられた課題を
こなすだけでは効果が低く，科学者のように学習者が，自分で問題を考え，自
身で発見に至るような思考法自体を身につける必要があると考えました．これ
が発見学習と呼ばれる方法です．

　たとえば，中学理科「気体の性質」を例に発見学習のプロセスを考えてみま
しょう．

　・課題の把握：まず，生徒の前に試験管に入った数種類の気体を見せます．

その気体が何であるか，気体の性質を考えさせます．教師はこの時，気体に関する情報などを提供します．

・仮説の設定：たとえば，「火を近づけた時の気体の反応」に絞って，生徒に仮説（「燃える」「消える」など）を考えさせます．

・仮説の検証：実際に火を近づけて，それぞれの気体の反応について確認を行います．

・まとめ：仮説の設定・検証段階で得られたことがらをまとめます．そのなかで理論や概念など，必要な学習もあわせて行い，学習の定着をはかります．

　発見学習のメリットとして，ブルーナーは学習のきっかけが好奇心のような内発的動機づけ中心であること，与えられた情報をみずから組み立てることによって深い理解が得られること，また「学び方」のような方法自体が身につくことで，さまざまな学習の機会に応用が可能なことをあげています．発見学習の方法は，日本では理科を中心によく用いられており，とくに板倉聖宣によって広められた**仮説検証授業**という実践によく反映されています．

4.　有意味受容学習とスキーマ理論

　まず最初に表3—1のような文章を見てください．この文章が示している活動は「洗濯」の内容を示しているのですが，この文章から洗濯を思い浮かべることは非常に困難です．しかしこの文章を提示する前に，「毎日の行う家事の内容をイメージしておいて下さい」という指示を加えると，この文章が洗濯に関するものであると理解できる人は劇的に増加します．オーズベル（Ausubel, D.）は新しい知識の学習の際に，学習者がすでにもっている知識（既有知識）と結びつけられるようにあらかじめ準備しておくと効果的であることを指摘し，この既有知識を **先行オーガナイザー** と名づけました．先行オーガナイザーは新しい知識に意味づけを促すためのもとになる知識で，このような意味づけを伴う学習を**有意味受容学習**と呼びます．

　また既有知識は私たちが行動を行う時，それを進めるための「プログラム」として機能することもあります．この時の既有知識は **スキーマ** とか **スクリプト** という名前で呼ばれます．たとえばみなさんがレストランに入った時，そのレ

表 3-1　Bransford & Johnson (1972) が使用したあいまいな文章

　手順は実際，まったく単純である．まず，物をいくつかの山に分ける．もちろん量が少なければ１つの山でも十分である．もし設備がないためにどこかよそへ行かなければならないのなら話は別だが．そうでなければ準備は整ったことになる．大切なことは一度にあまり多くやりすぎないことである．つまり，一度に多くやりすぎるよりも，むしろ少なすぎるくらいの方がよい．このことの重要さはすぐにはわからないかもしれないが，もしこの注意を守らないとすぐにやっかいなことになるし，お金もかかることになる．最初，すべての手順は複雑に見えるかもしれない．しかし，すぐにそれは生活の一部となるであろう．将来この仕事の必要性がなくなることを予想するのは困難であり．決して誰もそんな予言をしないであろう．手順が完了した後，材料は再びいくつかのグループに分けて整理される．それからそれらは，どこか適当な場所にしまわれる．この作業が終わったものは，もう一度使用され，再びこのサイクルがくり返されることになる．面倒なことだが，しかしこれは生活の一部なのである．

ストランで何をするか始めから順を追って考えながら食事を進めることはないと思います．バウアーら（Bower. et. al., 1979）はレストランに入った時に私たちがとる行動のプログラムを，レストラン・スキーマ（表3—2）というスキーマが既有知識として獲得され，必要に応じてプログラムとして実行されるため，一つひとつの動作を強く意識することなく，スムーズにレストランでの行為を進めることができると考えました．

　このように，学習の結果一度獲得された知識や技能は，スキーマのようなひとまとまりの知識や行動のパッケージとして私たちのなかに取り込まれると考えられています．単に学習内容を覚えたというレベルと，内容が深く理解されたという時では，このような知識自体の変化があります．このような深い学習を支えるためには，有意味受容学習のような知識と知識の結びつけ，反復による知識の定着の促進など，学習内容をさまざまな角度からとらえる活動が必要と考えられています．

　スキーマやスクリプトなど，いったんひとまとまりとして獲得された内容は，逆にその要素をバラバラに分解したりすることができにくくなります．さ

表 3-2　レストラン・スクリプト（Bower et al., 1979）

名前：レストラン　　　　　登場人物：客，ウェイター，コック，勘定係，
経営道具：テーブル，メニュー，料理，勘定書，金，チップ
登場条件：客は空腹である，客は金を持っている
結果：客の所持金が減る，客は満腹になる，経営者は儲かる

場面 1：入場
　　　　客はレストランに入る
　　　　客はテーブルを探す
　　　　客はどこに座るかを決める
　　　　客はテーブルに行く
　　　　客は座る

場面 2：注文
　　　　客はメニューを取り上げる
　　　　客はメニューを見る
　　　　客は料理を決める
　　　　客はウェイターに合図する
　　　　ウェイターがテーブルに来る
　　　　客は料理を注文する
　　　　ウェイターはコックのところへ行く
　　　　ウェイターはコックに注文を伝える
　　　　コックは料理を作る

場面 3：食事
　　　　コックは料理をウェイターに渡す
　　　　ウェイターは客に料理を運ぶ
　　　　客は料理を食べる

場面 4：退場
　　　　ウェイターは勘定書を書く
　　　　ウェイターは客のところへ行く
　　　　ウェイターは客に勘定書を渡す
　　　　客はウェイターにチップを渡す
　　　　客は勘定係のところへ行く
　　　　客は勘定係に金を払う
　　　　客はレストランを出る

か上がりなどは，一度できるようになってしまうと，それぞれの行為の要素を分解して実行することができなくなるのがよい例です．また，スキーマとして使われ続けるなかで，知識や行為が自動的に実行されるようになり，それぞれを意識しないほどになることもあります．このような意識されない知識を**暗黙知**と呼んだりすることがあります．専門家や職人のようなプロの世界では，長い間かけて身につけられた知識・技能が自動化・暗黙知化しやすくなります．

5．カリキュラム構成の原理

　カリキュラム編成の基礎となるタイラー（Tyler, R. W.）の原理は，カリキュ

ラムを作る条件として次の4つをあげています．

　　・学校は，どのような教育目的を達成しようとするか（教育目標）
　　・目的の達成には，どのような教育的経験を用意すればよいか（教授の方法と
　　　内容）
　　・これらの教育的経験は，どのようにすれば効果的に組織できるか（内容の
　　　組織）
　　・目的が達成されたかどうかは，どうやって判定するか（教育評価）

　カリキュラムを考える時，どのような教育的経験が効果をもたらすかは重要
です．古くは古典の暗唱やラテン語の学習などを通じて，記憶や推論といった
一般的な知的能力を鍛えることが学力を高めるとされてきました．このような
考え方を**形式陶冶**といいます．反対に，物理で学習するばねのはたらきや社会
で学習する国会のはたらきなど，具体的な内容を学習することが重要であると
する考え方を**実質陶冶**といいます．わかりやすい例をとると，スポーツ系の部
活動を強化する時，形式陶冶はランニングや筋力トレーニングなど身体能力を
高めれば自然に強くなるという立場をとり，実質陶冶は実際にゲームをくり返
すことなしには強くならないという立場です．2つの立場の相違は，基礎をや
っておけばそれをつかって違うタイプの問題も解けるようになるとする**学習の
転移**を容易と考えるかどうかにも関係しています．

　ガニエ（Gagne, R. M.）は具体的な学習，あるいは特殊な事例を先行して学習
し，それらを統合する形で一般的な法則や原理を理解するというカリキュラム
構成の原理を考えました．これに対して，日本の数学教育者である遠山啓は水
道方式と呼ばれる教育方法を考えました．水道方式は，まず子どもに対して
「数は量として表現できる」ことを示し，量の操作が理解できた時には加法や
減法などの数的操作が自由にできるようになることを示しました．これは，
「一般から特殊へ」というカリキュラム構成が可能になる例の1つです．

　学習の転移を扱う研究では，人間は新しい場面に直面した時，これまでに獲
得した既有知識から類似したものをあてはめて利用することが頻繁にみられる
ことを指摘しています．しかし同時に，この転移がどのような場面や条件でも
同じように自由になされることは少なく，2つの領域間が具体的に類似してい

たり，深い水準の学習によって得られた知識でなければ成立しないなどの条件があることも指摘されています．カリキュラム構成の場合，取り扱う内容の性質や転移のしやすさなどを考慮した上で教育的経験を用意する必要があるのです．

◇◇◇◇◇◇◇◇◇◇◇◇ **第2節　個に応じた指導** ◇◇◇◇◇◇◇◇◇◇◇◇

1．指導の個別化

　学習の規定因でもふれたように，学習では個人の個性の違いによってもそのスタイルが大きく異なります．指導の個別化は，これらスタイルの異なる生徒に最適な学習支援を行うことを目標としています．2011年の学習指導要領でも「個に応じた指導の充実」という方針が強く打ち出され，これまでの一斉指導を中心とする授業のあり方から大きく転換がなされています．

2．適性処遇交互作用

　古くから，学習を受ける個人の特性の違いによって，適した学習方法が違うのではないかという指摘はなされてきました．クロンバック（Cronbach, L. J.）はこの現象を **適性処遇交互作用**（aptitude treatment interaction：ATI）と呼びました．ATIについてもっともよく知られているのがスノー（Snow, et al., 1965）の実験です．彼らは物理を学習する大学生を，2つのグループに分け，それぞれは講義形式の授業あるいは映像による講義のいずれかに分けられて受講しました．結果2つのグループの成績には違いがみられませんでしたが，さらにそれぞれのグループの学生を対人積極性の高低で分け，両グループの成績を再分析したところ，対人積極性の高い学生は講義形

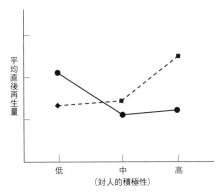

図 3-3　**ATI に関するスノー**（1965）**の実験**

式での授業の成績が優れ，積極性の低い学生は映像での講義で優れた成績となっていることが明らかになりました（図3−3）.

ATIによって，学習者に応じた最適な指導法の選択がより重要ということが明らかになりました．サロモン（Salomon, G.）はこの選択について，特恵モデル，補償モデル，治療モデルの3つから選択の方法を提案しています．特恵モデルでは学習者のもつ能力を最大限に発揮できるような方法の提示が行われます．補償モデルでは特定の学習にあたりなんらかの特性が不足する学習者に対して，その不足を補うような方法が提示されます．そして治療モデルでは，学習に必要な知識や能力がまだ身についていない学習者に対して，時間をかけて習得するような方法が選択されます.

3. 習熟度別指導

学力には個人差が伴いやすいものです．とくに習熟度が低い段階にある生徒に対しては，その分補償的な教育をすることが望ましいです．これと同時に，学級のなかで進捗（進み方）の早い生徒については，さらに応用・発展的な学習に進んだ方がその生徒の能力を引き出すためにも望ましいと考えられます．このような個人差に応じた指導を可能にする1つの方法が習熟度別指導，あるいは習熟度別学級編成と呼ばれるものです．このような考え方は必ずしも特別なものではありません．障害などをもち，通常よりも手厚い支援が必要な**特別支援学校・特別支援学級**など特別支援教育（special education）の理念自体がこの考え方に基づいたものです.

習熟度別指導のやり方はさまざまです．たとえばクラスを3つに分け，進度・達成度の高い生徒には応用・発展的内容中心のクラス，反対に基礎的な内容を徹底して学習し，学力の確実な定着をはかる基礎クラス，そしてその中間のクラスです．基礎クラスでは少人数の編成にしたり指導者の数を増やしたりして，より密な指導になるよう配慮されることも多いです.

習熟度別指導の問題点として，所属するクラスが固定することによって，劣等感や差別意識を生じさせるという懸念が存在します．これを避けるために，生徒一人ひとりの希望や目標を重視し，単純に成績だけで判断しないよう配慮

することや，所属するコースが固定化しないよう，編成のルールに工夫を加えることなどが考えられています．

∗∗∗∗∗∗∗∗∗∗∗∗∗∗∗∗∗∗∗∗∗∗ **第3節　教育工学とコンピュータ** ∗∗∗∗∗∗∗∗∗∗∗∗∗∗∗∗∗∗∗∗∗∗

　教授―学習の過程では，さまざまな教材や教具があります．机や黒板も重要な教具です．今日ではテレビやコンピュータなどさまざまな機器が教育のための道具として使用されています．このような機器を使った教育に関する学問を**教育工学**といいます．

1.　視聴覚教育とマルチメディア学習

　この教科書もそうですが，文章でどれだけ詳しく説明するよりも，図や写真が1つつけられているだけで，理解が飛躍的に向上することがあります．人間には視覚や聴覚，触覚など複数の感覚入力があり，それぞれの入力モードのことを**モダリティ**（modality）といいます．知覚や記憶の研究では，このモダリティの違いによって，記憶成績が向上したり，理解の性質が異なったりすることはよく知られています．そこでこのような視覚・聴覚に大きく関わる材料を使用して教育を行う試みは古くから行われており，これを視聴覚教育と呼んできました．視聴覚教育はスライド・OHP（overhead projecter）のような機器を使って教材を提示する方法や，レコード・ラジオを使って音声で提示する方法，あるいはテレビ・映画のような映像と音声を用いた教材を放映する方法などがあります．

　メイヤー（Mayer, R. E.）は，視聴覚教育のように文字や映像，音声など複数のモードで情報が提供されるようなタイプの方法を**マルチメディア学習**（multimedia learning）と呼んでいます．マルチメディア学習の特色として次のようなものがあげられます．

　・文章のように言語で提示される内容は，文章を順に追って逐次的に意味の理解を進めなければならないのに対して，図表や映像など視覚的材料を使った場合は，一度に全体の構造や関連などを把握することができる．

・アニメーションなど動作を伴う材料の場合，頭の中で事物の操作を行う必要がなく，心的な操作の負担を軽減することができる．

・人間の内側で概念やイメージなどを表象するのではなく，人間の外側にあるメディアに表示されるので，認知的な処理の負荷を軽減することができます．

・映像や音声は，学び手の注意や魅力を引きつけるはたらきが大きく，学習に対する動機づけを高めることができる．

反面メディアを使った教材（コンテンツ）は，文章などに比べて作成に大きな労力がかかり，必要となる機材も増大するため，導入には多大なコストがかかる欠点もあります．また現在の時点では，学び手にとってもそのメディアを利用したり，理解したりする力（**情報リテラシー**：コラム参照）に個人差があり，そのため学習の成果に差がつくこともあります．

2.　CAI（コンピュータ支援教育）

マルチメディア学習のなかでももっともよく知られているものが，コンピュータを使った教育です．コンピュータを使った教育には大きく 2 つがあり，1 つはコンピュータによって教育すべき内容を提示し，コンピュータのみで教授—学習を進めるもので，これを **CAI**（computer assisted instruction）といいます．もう 1 つ，授業自体は講義や黒板使用などさまざまな方法を用いるのですが，そのなかでコンピュータも授業の道具として使用されるような方法で，こちらは **CMI**（computer mediated instruction），と呼ばれています．CAI ははじめ **スキナー** の **プログラム学習** で考え出されたティーチング・マシンとよばれる装置から発展してきました．このため，ドリル・クイズのようなタイプの方法が中心となっていました．

また現在では単にコンピュータなどメディア機器だけでなく，ICT（Information and Communication）とよばれる情報通信技術を用いて，さらに高度な教育環境を提供できるようになりました．このため，情報通信技術を含んだ近年の教育環境については，**ICT 教育** と呼ぶことが多くなっています．2020 年の学習指導要領からデジタル教科書が教育の制度として標準的に用いられるようになったこともあり，ICT 教育は現在の学校ではごく日常的な方法となりつつ

あります．デジタル教科書だけでなく，たとえば飛行機や電車の運転を訓練するシミュレータ，ゲームソフトとして有名なソフトウェアをそのまま利用して，地理や歴史の学習に使用する方法など，その可能性は現在も広がりつつあります．

◇◆◇◆◇◆◇◆◇◆◇◆ **第 4 節　教育環境のデザイン** ◇◆◇◆◇◆◇◆◇◆◇◆

1.　変わる教授──学習観

　日本における教授−学習過程の主流は，一斉授業によって教師から生徒へ知識や技能が伝達されるというタイプでした．しかし最近になって，学び手にとっての学びはこれまで考えられてきたような見方よりも，より多様で広がりのあるものであることが改めて見直されるようになってきています．

　1 つは，教育の手段となる**資源**（resource）のとらえ方が変わってきたことです．社会文化的アプローチと呼ばれる，ヴィゴツキーや彼の考えを受け継いだワーチ（Wertsch, J. V.）そしてコール（Cole. M.）やエンゲストローム（Engestrom, Y.）といった人たちは，人間の発達や学習について，個人が自分の身のまわりにある道具や環境といった資源をどのように用いて変化していくかという，個人と資源の相互作用として再定義しています．

　2 つめに，学び手のもつ能力についての見方です．レディネス研究で考えられていた子どもの能力は，比較的固定的で安定したものであり，ある発達段階の子どもはこのくらいの能力といった見方がされてきました．これとはやや異なる見方を示していたのが**ヴィゴツキー**（Vygotsky, L. S.）の**発達の最近接領域**に関わる理論です．発達の最近接領域説では，学び手の能力には自分の力で知識を獲得できるようになる水準と，他者から援助を受けて獲得できるようになる水準の 2 つがあり，このおよそ中間に位置する領域を発達の最近接領域と考えます．この領域は柔軟に変化するものであり，適切な介入が行われることによって能力を引き出すことができると考えられています．この適切な介入を**スキャフォールディング**（scaffolding：足場かけ）と呼び，教師による介入や教材，まわりの生徒などあらゆるものが影響を与えます．

これらの考え方は教育に対する視点を，学び手が自分を取り巻く教育的資源・環境をどのようにとらえ，働きかけていくように用意するかといった教育環境のデザインの重視へと変化させています．

2．隠れたカリキュラムと状況論的学習

　さて，前節で述べた通り，学校では教育の目的に従ってカリキュラムが作成され，指導する側によって内容の選定と組織が行われます．しかし，レストランのコックや病院の看護師など，いったん働き手として現場に出た世界では，学校とはまったく違うタイプの学びの世界があり，独特の学習のスタイルに飛び込むことになることが知られています．

　ジョーダン（Jordan, 1989）はユカタン半島の産婆について詳細な調査を行い，産婆たちがもつ高度な出産の技術をどのように子どもに伝達するかを明らかにしました．産婆らの子どもは将来産婆になり，生まれた時から産婆の生活を見ることができる環境にあります．子どもらは家族である産婆とコミュニケーションをし，またお使いなどの手伝いなどを通して，産婆の生活を実感します．この時の子どもらの行動や活動は基本的に家族としての役割を果たしているにすぎませんが，将来産婆になった時にこなさなければならない仕事を，年齢を追うに従ってしだいに体得するに至るのです．

　このようなタイプの学習では，知識や技能を教える側（親方）にも，学び手（弟子）にも教育の実感は大きくありません．なぜなら，教育内容が日常の仕事や活動，あるいはそれらを取り巻く環境のなかに気づかないうちに用意されているからです．言いかえれば，カリキュラムは教育的に構成されているのではなく，日常の具体的な活動と切り離すことができないため，**隠れたカリキュラム** として埋め込まれています．このようなタイプの学習を **状況論的学習**，あるいは状況に埋め込まれた学習と呼びます．

　隠れたカリキュラムを理解する１つの例をあげます．中学で体育系の部活に入部した１年生は，最初のうち上級学年と違ってランニングや球拾いなどばかりをさせられることがあります．またこれらの活動はゲームのようなほかの活動に比べて苦痛や負担などを伴うこともあります．しかし，これらを行うなか

でまだ体力が成長していない新入生は体力をつけるようになり，また先輩たちのゲームを見ることで上手な試合運びを学習する機会を得たりします．また伴う苦痛や負担に対して耐えたり，同じ新入のメンバーと励まし合ったりするなかで，精神的な強さやメンバー相互の協調性を身につけたりすることにもつながります．結果としてこのような活動は，将来チームの中心になるために必要な要素が含まれているのです．これらの意味を新入生が理解しているとは限らず，またそれを指示する先輩やコーチも，実際には自分がすでに経験した内容を指示しているにすぎず，その教育的な意義を理解していないことも少なくありません．カリキュラムが「隠れている」というものがどのようなものか，この例は端的に示しています．

3.　協同による学習

　学びの形が豊かで多彩であることがわかるにつれ，教師から生徒への一方向的な教授ではなく，学び手の周囲にいるメンバーが果たす教育的役割を活かした学習の可能性についても，さまざまな試みがなされるようになってきました．

　1人で学習する場合と，複数のメンバーで学習する場合を比べて考えてみましょう．三宅（Miyake, N., 1986）は，2人の学習者にミシンを与え，ミシンがどのように動いているか考えさせる課題を実施しました．課題を与えられた2人は，頭のなかだけでなく頭の外にあるさまざまな資源を利用して，1人の時にくらべより豊かで積極的な活動をすることを見出しました．協同による学習は，説明や互いの活動の確認を通して，より深い理解をするような認知的活動をすすめるものと考えられています．

　この協同による学習を促すため，いくつかの方法が考えられてきました．塩田芳久は，**バズ学習**という4〜6人のグループで短い討議をくり返し，その結果をクラスで発表しながら学習を進めているという方法を開発しました．またアロンソン（Aronson, E.）は1つのグループのメンバーがそれぞれ別のセッション（チーム）に出向いて学習を行い，もとのグループに戻って互いに教えあうという**ジグソー学習**を開発し教育場面等で活用されています．

協同による学習は，メンバー相互が良い関係を作りながら学習を進めていくという社会的な発達も期待することができます．また，それぞれのメンバーが互いに相手に合ったやり方で説明や活動をするため，教師がクラス全体に対して指導をするより，より個に応じた指導となる可能性も期待できます．そのためには，メンバーが積極的かつ円滑な相互作用を行うようクラスやグループをあらかじめ作り上げておく必要もあります．　　　　　　　　　（荷方　邦夫）

＊ 読者のための図書案内 ＊

・森敏昭・秋田喜代美（編）　2006　教育心理学キーワード　有斐閣双書：この章で扱った内容だけでなく，認知心理学や社会文化的アプローチなど最新の学習研究がふんだんに紹介されています．
・稲垣佳世子・波多野誼余夫　1989　人はいかに学ぶか―日常的認識の世界―中公新書：子どもの発達や学習の能力についての新しい見方を紹介し，子どものもつ可能性や特質について幅広く論じています．
・森敏昭ら（編）　学習科学ハンドブック（第2版）　北大路書房：現在，教育の世界で発展が続いている，教育の方法やテクノロジーなどについてさまざまなトピックをまとめたハンドブック．

＊ 引 用 文 献 ＊

Bower, G. H., Black, J. B., & Turner, T. J. (1979). Scripts in memory for text. *Cognitive Psychology*, **11**, 177-220.

Bransford, J. D. & Johnson, M. K. (1972). Contextual prerequisites for understanding: Some investigations of comprehension and recall. *Journal of Verbal Learning and Verbal Behavior*, **11**, 717-726.

DiSessa, A. A. (1982). Unlearning Aristotelian physics: A study of knowledge-based learning. *Cognitive Science*, **6**, 37-75.

Jordan B. (1989). Cosmopolitan obstetrics: Some insights from the training of traditional midwives. *Social Science and Medicine*, **289**, 925-44.

Miyake, N. (1986). Constructive interaction and the iterative process of understanding. *Cognitive Science*, **10**, 151-177.

Snow, R. E., Tiffin, J., & Seibert, W. F. (1965). Individual differences and instructional film effects. *Journal of Educational Psychology*, **56**, 316-326.

コラム：インターネットと子ども

　1990年代半ばから起こった日本のインターネットの普及は，情報の送り手と受け手でなされる双方向の情報伝達が飛躍的に発展したという，それまでの情報化社会の見方を大きく変える出来事でした．伝達される情報は質も量も大きく増加し，家にいながらにして世界中の情報が洪水のように押し寄せることを可能にしたのです．また，文部科学省もその長所を比較的早くから理解し，1997年には教育における情報活用に積極的であるべきという考えをしめし，同時に情報リテラシーと呼ばれる情報活用能力の向上の必要性も指摘しています．これに対して，インターネットの普及は，子どもに限らず多くの人間にとって悪影響も引き起こすことが報告されるようになりました．過度のネット環境への依存，ネット上でのコミュニケーションの問題は現在頻繁に取り上げられるテーマです．

　インターネットに関する問題は，ネット環境がもつ同時性・双方向性と，間接性の2つの関係にあるようです．それまでのメディアと違い，送り手と受け手が同時に双方向のコミュニケーションを行うことは，一般的な対人コミュニケーションと同じ性質をもっています．これに対してコミュニケーションが非対面であったり，あるいは匿名性を保ったままで可能であったりという間接性は，それまでの対人コミュニケーションにはない行動を可能にするため，逸脱行動や適切な対人対処が行えないという問題を誘発しやすくなります．

　とくに情報リテラシーや対人コミュニケーションスキルの獲得途中にある子どもについては，問題行動の発生を抑制するような配慮が必要です．しかし，その配慮は子どもをネット環境から一定の距離を置くようなものであると，同時に情報活用の機会からも遠ざけかねません．必要なことは適切な情報活用能力を速やかかつ十分に獲得させること，そしてネット以外のさまざまなメディアを媒介とした情報の活用を平行して身につけさせることにあります．

（荷方　邦夫）

学級の心理学

教職科目の教育心理学のなかで，集団について学ぶことは欠かせません．教師にとって学級経営は，専門の教科の指導に匹敵するきわめて重要な仕事です．教師は日々生徒や保護者と接するなかで，積極的にリーダーシップを発揮しなくてはならないため，リーダーシップについてよく学ぶ必要があります．また教師は，学級や部活動における集団のまとまりをよくし，学習面や生活面での生徒たちの規範意識を高めることが求められます．集団のまとまりは"集団凝集性"と呼ばれ，集団内の暗黙のきまりを"集団規範"といいます．集団規範に対する"同調圧力"は，良くも悪くも生徒にさまざまな影響を与えます．さらに教師は，学級内の生徒の人間関係を把握し，いじめの発生を未然に防ぐ責務を負っています．そしていじめが発生してしまった場合は，今日のいじめの特徴をよくとらえて迅速かつ適切に対処し，被害者を救い加害者や学級全体を指導することが求められるのです．

第1節　集団とは何か

1．集団の定義

通学で電車に乗る時，駅にはたくさんの人がいます．大学に通う人，高校や中学校に通う人，会社に通勤する人，高齢者，子どもをつれた主婦など，それぞれに別の行き先を目指している見知らぬ人同士が，たまたま一つの駅に居合わせているのです．こういう状態は，心理学では集団とは呼ばず，**集合**と呼びます．**集団**と呼ぶためは，なんらかの特徴や目的を共有した人々の集まりであることが必要で，人数も最低3人以上が必要とされています．

2. 集団規範と同調圧力

　集団規範とは，集団のなかに自然に発生してくる暗黙の決まりです．部活動で，1年生は部の指定のジャージを真面目そうに見えるように着なければならないが，2年生になるともう少し着崩してもよく，3年生になると部のジャージでないものを着てもよい，などという暗黙の決まりができていることがあります．部則としてどこかに書いてあるわけではないけれど，昔からなぜかみんなそのようにしている，という決まりが集団規範です．集団規範は，一度発生するとメンバーみんながこれに従わなければならないという**同調圧力**を生み出します．同調圧力によってメンバーが規範に従うと，メンバーがみな同じような特徴を示すようになるので，同調圧力はメンバーを**斉一化**させます．

　同調圧力に関して，**アッシュ**（Asch, 1951）は以下の実験を行いました．ものの見え方に関する実験と称して実験室に7人の男性を呼び，異なる長さの線が3本書かれた紙と，標準刺激と呼ばれる1本の線が書かれた紙を提示し，標準刺激と同じ長さの線を1本選ぶよう求めました．すると，なぜか7人のうち6人が，明らかに間違った線を選びました（図4-1）．実は本物の実験参加者は1人だけで，6人は研究者側が用意した実験協力者でした．6人は打ち合わせ通りにわざと団結して間違った解答をしたのです．実験参加者は，明らかに間違いだと思いながら，同調圧力に逆らえず6人と同じ回答をしてしまったのです．

　この実験が表しているのは，たとえ実験のために見ず知らずの人を集めて一時的に作られた集団でも，ひとたび集団が作られたら同調圧力が生じるという事実です．もう二度と会うことがない人たちなのに，みんなに合わせなければいけない気

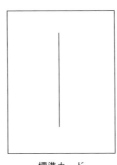
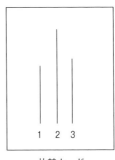

標準カード　　　　　　　比較カード

図 4-1　アッシュの実験の図版（Asch, 1951 に基づき筆者が作図）

持ちになってくるのです．まして，毎日活動を共にしている学級集団や部活動では，同調圧力がいかに強いものになるかは容易に想像できます．

3. 集団のまとまりのよさ―集団凝集性

　学級委員や部活動のキャプテンなどをした人は，先生から"もっとクラス（部）のまとまりを良くしなさい"などと言われたことがないでしょうか．しかし，そう言われても具体的に何をどうすればよいのかわからず，困った経験がないでしょうか．心理学では集団のまとまりのよさを，**集団凝集性**といいます．定義は，「メンバーを集団内にとどまらせる力（Festinger, 1950）」ですが，もう少し具体的にいうと「各メンバーが集団に感じている魅力の総体（Back, 1951）」となります．総体というのは，集団に所属する個々のメンバーが集団に感じている魅力を全員分加算するという意味です．一部のメンバーだけが強い魅力を感じていても，そうでないメンバーがそれなりにいれば，魅力の総体は大きくなりません．教師が学級委員や部活動のキャプテンなどに集団凝集性を高めるよう指示するのは，凝集性が高いと以下のような利点があるからです．

　①集団に魅力を感じているメンバーは，集団の目標を達成するために積極的に努力し，**協力しあうため，目標が達成されやすくなります．**部活動であれば，よい成績を上げ，優勝などを勝ち取ることができるようになります．

　②みんなと協力して活動するなかで，**自分の居場所が得られて精神的に安定し，人間関係を楽しむ**ことができます．部員が部活動をやめていくことがなくみんなが最後まで活動をまっとうし，良い思い出を作ることができます．

　一方で，集団凝集性が高いと以下のような弊害が生じることもあります．

　①自分たちばかりで固まってしまい，**他の集団やそのメンバーを排除しがち**になることがあります．

　②**よくない集団規範が存在する場合に，これに従う同調圧力も強くなってしまう**ことがあります．たとえば，"みんなで一斉に〇〇さんをいじめよう"という同調圧力にみんなが従ってしまう，などです．

4. 集団凝集性を高める方法

　弊害の部分が生じないように注意すれば，一般的には集団凝集性が高いことは好ましいことです．集団凝集性を高めるためには以下のような点が重要です．

　① **集団の目標と，それを達成するための具体的な方法を明確にします**．部活動の例でいえば，○○大会優勝などと具体的に決めることです．目標やそれを達成するためのスケジュールや練習方法が具体的でないと，何をどう頑張ってよいかわからないのでやる気が出ず，遅刻や欠席が増える，練習態度が悪くなるなどして，もめごとのもとになります．また，何をすればいいかわからないのに大会の日が迫ってきて，精神的に追い詰められて，「○○さんは頑張っていない」という話になるなど，仲間割れにつながりやすいのです・

　② **みんなで話しあって物事を決めます**．一部の人だけで決めると，みんなが目標や決定事項を共有できないので，やる気のある人とない人に分かれやすいのです．また，決定に参加できなかった人は「勝手に決められた」と不満に思い，仲間割れのもとになります．

　③ **活動そのものが楽しいこと** が大切です．いかに勝利のためとはいえ，厳しい特訓ばかりでは，みんなストレスがたまって精神的に余裕がなくなり，お互いに寛容でいられなくなります．また，興味がもてないことはどうしても頑張れないので，その意味でも集団のまとまりは形成しにくいのです．

　④ **メンバー同士が協力しあう関係**であることが大切です．部活動では，レギュラー争いなどのため，部のなかでもお互いがライバル同士であることも多くあります．しかしその場合でも，補欠も応援もすべてチーム全体のために貢献するのであって，部員はすべて協力しあう関係であるという認識が重要です．仲間を蹴落としてやれという気持ちでは，部のまとまりは作れないのです．

✧✦✧✦✧✦✧✦✧✦✧✦ 第2節　リーダーシップ ✧✦✧✦✧✦✧✦✧✦✧✦

　学級委員や部活動のキャプテンなどになると，先生から"もっとリーダーシップを発揮して，みんなを引っ張っていくように"と言われたりしますが，具

体的に何をどうすればよいのでしょうか.

1. 三隅のPM理論

三隅二不二 (1966) によって提唱された理論です. **リーダーシップ行動** (リーダーシップのとり方) を, **課題達成** (performance：P) と **集団維持** (maintenance：M) の2つの要素からとらえる考え方です. 課題達成 (P) とは, 集団の課題や目標を達成させる機能です. 部活動であれば, 部員に練習を頑張らせて試合に勝たせることです. 集団維持 (M) とは, メンバーを仲良くさせ, 集団から離脱しないようにさせる機能です. 部活動では, チームワークをよくさせ, 退部者が出ないようにすることです.

この理論では**PM4類型**といって, Pの機能とMの機能のそれぞれについて, 上手にできる場合を大文字, うまくできない場合を小文字で表します. 課題達成 (P) も集団維持 (M) も上手な場合は, その人のリーダーシップ行動は, **PM型**であると表現します. この類型がもっとも望ましいといえます. 反対に, もっとも望ましくない型は, 両機能をともにうまく果たすことができない **pm型**です.

Pm型は, いわゆる鬼監督のようなリーダーシップのとり方です. 競技の練習に関しては非常に厳しく, 部員を熱心に練習させ上達させることができますが, 部員の心のケアに手が回っておらず, 部員が疲れ果てて退部したり仲間割れしたりする可能性があります. **pM型**の場合は, 監督は和気あいあいと部員を仲良く楽しく活動させることは上手ですが, 練習に対する厳しさが足りず, チームが勝利できない可能性があります. Pm型とpM型のどちらが好ましいかは, 集団のメンバーの年齢や発達の度合いや, 集団が置かれた状況, 集団が形成された目的などにより異なるので, 一概にはいえません. 年齢の低い子どもの集団の場合は, 集団維持 (M) 機能が重視されるでしょうが, 大きな大会を控えた時期のスポーツチームでは, 課題達成 (P) が重視されるでしょう.

2. リーダーシップを育てる

自分をPM4類型にあてはめてみると, どの類型になるでしょうか. 自分に

は練習への厳しさが足りないと思う人もいれば，もっとチームワークをよくしたいという人もいるでしょう．そんな時は，課題達成（P）や集団維持（M）の機能を上手に果たしている人を見本にして，その行動をまねてみてください．すると，いつしかそのような行動が上手になり，自分も課題達成（P）の機能を上手に果たせるようになるのです．優秀なリーダーになれるかどうかは，生まれつきの性格で決まるわけではありません．学習によって課題達成（P）と集団維持（M）の機能を身につければ，誰でも良いリーダーになれるのです．

3．レヴィンらのリーダーシップの3類型

レヴィンら（Levin, Lippitt & White, 1939）によるリーダーシップの3類型は，リーダーシップのとり方を「民主型」「専制型」「放任型」の3種類に分けたものです．もっとも望ましいのは，**民主型**のリーダーです．メンバーの意見を聞き，みんなで話しあいをして，集団の方向性を決めるリーダーのことです．メンバーは，自分の意見が採用されなくても，話しあって自分たちで決めたという自覚をもてるため，決めたことを守ろうという気持ちになります．また，話しあいを通じてリーダーとメンバー，およびメンバー同士が理解を深めるので，みんなで団結して課題に取り組み，リーダーが見張っていなくてもさぼる者も出にくいのです．その結果，集団の目標が達成されるのです．**専制型**とは，専制君主のように君臨し，一方的に命令を下すリーダーのことです．メンバーはリーダーが怖いので，リーダーがいる時だけ一生懸命やり，いなくなると手を抜きます．部活動の例でいえば，怖い監督に叱られたくないということだけが行動の動機になり，"やらされている感"が生じて競技に関心を失い，何のために頑張っているのかわからなくなります．これでは勝利はおぼつかないといえます．**放任型**の場合は，一生懸命やってもやらなくても，ほめられも叱られもしないので，頑張ることがばかばかしくなってきます．部員はやる気をなくしてゆき，誰も決まりを守らなくなり，遅刻や欠席も多くなり，部内の人間関係も悪くなります．その結果，部はまともな活動ができなくなるのです．

1．学級集団の特徴

　公立の小中学校の場合，子どもがどの学校に進学するかは，近隣のいくつかの学校のなかから選択できる場合があるにしても，基本的には在住する地域によって決められます．学級の生徒の学力や運動能力，将来の進路の希望などは実にさまざまです．学級集団は，**異質集団** という特徴をもっています．授業を行う際，その教科が得意な生徒と苦手な生徒が混在していると，教師はどの理解度の生徒に合わせて授業を進めたらよいかが難しくなります．学習が遅れている子に手厚く指導すると，他の多くの生徒が暇をもてあましてしまいます．学習の進んでいる子には，もっと高度な内容を学習させ，才能を伸ばしてやりたいところですが，他の多数の生徒を置き去りにはできません．

　この状態を打開するために，学力などの面で生徒が等質になる **等質集団** を作る方法が考えられました．いくつかの学級を合同にして，学級集団の垣根を外して教科の習熟度（身についている程度）に応じて集団を分ける **習熟度別授業** では，初歩クラスの生徒にはきめ細かな対応ができ，発展クラスの生徒には高度な学習をさせることが可能になるのが利点です．しかし一方で，初歩クラスに属する生徒が劣等感をもつことがないよう，注意を払わなければなりません．

2．学級集団に所属して学ぶことの意義

　子どもが家でひとりで勉強をするのではなく，学級集団に所属してみんなと一緒に活動することの意義は，以下の4点にあります．

　① **みんなと協力しあって何かを成し遂げる** 喜びを学びます．これは，自宅でひとりで勉強していても体験することはできません．

　② みんなで協力しあう際に，自分の **役割分担を責任もってこなす** ことを学びます．誰かが手を抜くと目的は達成できないことから，責任感を学ぶのです．

　③ **自分の考えとは違うさまざまな考え方** や解決策があることを学びます．人はみな自分の考えが正しいと思いがちであり，ほかの可能性を思いつきにくいものですが，人がたくさんいれば多様な考え方があり，それぞれ根拠があったり

します．自分だけが正しいのではないことを知り，他人を尊重する姿勢を学びます．

④みんなで知恵を出しあうことで，**1人で考えるよりも良い方法**が見つかることを学びます．自分ひとりだけでは知識や経験に限りがありますが，たくさんの人が集まれば，多くの知識や経験を持ち寄ることができるのです．

3. 学級集団の発達的変化

子どもが小学校に入学した直後は，学級のみんながまだお互いをほとんど知らず，年齢的にも幼いので，子どもたちはみんなバラバラであり，**多数分離型**と呼ばれる状態にあります．しかし3，4年生くらいになると，子どもたちは学級内に仲間集団を作り，ほかの集団とは無関係もしくは対立関係となります．これを**分団分離型**といいます．小学校高学年から中学生・高校生になると，仲間集団同士がお互いにつながりをもつ，**分団結合型**が増えてきます．また，学級内のリーダーを中心に学級内の仲間集団が団結する場合を，**学級統一結合型**といいます．仲間はずれなどは発生しにくく，人間関係は好ましい状況です．しかしリーダーがほかの多数の生徒たちを支配する場合は，**一部集中型**と呼ばれます．

4. 学級内の人間関係の測定

学級集団内の子どもたちの人間関係を把握することは，教師にとってきわめて重要な仕事です．誰は孤立しがちなのか，誰はみんなから排除されがちなのか．誰と誰が仲間集団で，仲間集団の相互の関係性はどうなっているのかが把握できていないと，いじめや人間関係のトラブルに気づくことができません．また，そもそもいじめやトラブルは，未然に防がなければなりません．そこで，以下に学級内の人間関係を測定する方法を紹介します．

①**ソシオメトリック・テスト** モレノ（Moreno, 1934）が考案した，学級内の子どもの好き嫌いの関係性を図に表すテストです．人間関係を好き嫌い（選択・排斥）の関係でとらえる**ソシオメトリー**の考え方に基づいています．子どもたち全員に，秘密厳守を約束した上で，好きな子と嫌いな子を数名ずつ書いてもら

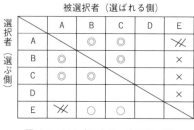

図 4-2 ソシオマトリックスの一例

(筆者が作図)

って，**ソシオマトリックス**と呼ばれる，総当たり戦のような図にまとめます（図4-2）．

ソシオマトリックス上では，"好きな子"として選ぶ**選択**には○印，"嫌いな子"として選ぶ**排斥**には×印などで結果を記入します．選択した子に自分も選択されるのを**相互選択**，排斥した子に自分も排斥されるのを**相互排斥**といいます．片方だけが選択する場合を**一方選択**，片方だけが排斥するのを**一方排斥**と呼びます．相互選択にある子どもたち同士は，仲間集団を構成しています（学級集団のなかにあるので，**下位集団**と呼ばれます）．誰も選択や排斥せず，誰からも選択や排斥をされない子は，**孤立児**と呼ばれます．他人にあまり興味がなく，教室の隅で一人で静かに過ごしているような子です．これに対して，多くの生徒から排斥されてしまう子を**排斥児**といいます．排斥児や孤立児がいじめの対象にならないよう気を配ることが重要ですが，下位集団に属していても安心なわけではありません．結束の固い下位集団からはじき出された場合，学級内での居場所を一気に失ってしまうのです．

ソシオメトリック・テストは，学級内の人間関係や各生徒の置かれた立場を把握できる有用なテストですが，弊害もあります．秘密厳守なので，生徒たちは普段一緒にいる友人にきちんと選択してもらえたか，学級のみんなから排斥されていないか，疑心暗鬼になってしまうことがあります．そうなると，ソシオメトリック・テストが原因で生徒同士の人間関係に亀裂が入ることもありえます．また，誰が嫌いなのかそれほど意識していなかった子も，嫌いな子を書かされたことで，"○○さんを嫌いなんだ"と意識してしまうことがあります．そのため"好きな子"だけを書かせる方法で実施されることもあります．

②ゲス・フー・テスト　ハーツホーンら（Hartshorne, May & Mailer, 1929）が考案した，"クラスで一番○○な子は誰ですか"と尋ね，名前をあげさせるテストです．子どもがお互いをどのようにみているかを知るためのものです．教師

第1部　教育心理学総論

が"あの子はみんなを引っ張ってくれる"と思っていても，子どもたちはそうは思っていないかもしれません．しかしソシオメトリック・テストと同様に，ネガティブな内容で尋ねた場合の弊害があります．"クラスで一番だらしないのは誰か"などと尋ねる場合です．

5．学級づくり

　4月にクラス替えになった直後は，生徒たちはみなお互いをよく知らず，学級のまとまりもよくありません．そのため，教師の仕事として**学級づくり**は重要です．学級づくりとは，学級の集団凝集性を高め，学級を子どもたちの**準拠集団**に育ててゆくことです．準拠集団とは，心のよりどころとなり，行動や考え方の基準となる集団のことです．教師はリーダーシップを発揮して，学級の集団凝集性を高め，好ましい集団規範の発生を促し，生徒たちがその規範に同調することで正しい行いを身につけるように導きます．そして，学級を準拠集団として完成させてゆくのです．部活動のチームの場合は，**チーム・ビルディング**と呼ばれます．最近問題になっている**学級崩壊**とは，子どもたちが授業中立ち歩いたり，教師の指示にまったく従わなかったりして，授業が成立しなくなることです．学級崩壊は学級づくりに失敗した時に起きるといえます．

6．仲間集団とその発達

　子どもたちは学校生活において，学級集団のなかに仲間集団を作って日々を過ごしています．仲間集団の代表的な形は，以下のように分類されています．

（1）ギャング・グループ

　小学校中学年くらいの男子に多くみられる仲間集団です．いわゆるガキ大将的な子を中心に，いたずらや悪さをくり返して大人を困らせる集団です．子どもたちはギャング・グループの活動を通じて協力したりケンカをしたりするなかで，人づきあいのしかたである**ソーシャルスキル（社会的スキル）**を学ぶといわれてきました．しかし今日では，少子化や塾通いなどの影響により，ギャング・グループが形成しづらくなりました．このことは，友だちとの対立やケンカ，仲直りなどの経験を十分にもたない子どもたちが思春期になって，ケンカ

における力加減がわからず相手に怪我を負わせてしまうなどのトラブルにつながると考えられています。

（2） チャム・グループ

　小学校高学年から中高生くらいの女子に多くみられる仲間集団です。チャムとは，顔をよせあってペチャクチャとおしゃべりをするという意味です。メンバー同士の類似性が重視され，みんなでお揃いのものを持ち，同じ趣味を持ち，同じ芸能人を好んだり嫌ったりし，先生やほかの生徒に自分たちにしかわからないあだ名をつけたりします。みんな一緒でなければならない，裏切ってはならないという同調圧力は非常に強く，子どもたちは時にそれを息苦しく感じていたりします。しかし一方で，このような集団に属してうまくやっていくなかで，ソーシャル・スキルを学んでゆくともいえます。

（3） ピア・グループ

　大学生以上に多くみられる，男女混合の仲間集団です。お互いが違っていてもよく，それぞれの個性を尊重し，将来の夢や自分の生き方などを語り合います。大学のサークル活動などを通じて形成されることが多いです。ピアとは，対等な友人という意味です。ピア・グループは，青年期の発達課題である自我同一性（アイデンティティ）の確立のために，非常に役に立つ存在です。ピア・グループの仲間と将来を語り合い，仲間と自分の考え方を比較したりしながら，若者は自分らしさを模索し確立してゆくのです。

第4節　い　じ　め

1.　いじめに関する認識の変化

　昔は，いじめは単に子ども同士のトラブルと考えられていました。子どもは友だちとケンカすることにより人間関係を学ぶのだから，大人が介入するのは好ましくないと考えられてもいました。いじめられた子が先生に助けを求めても，"いじめられる側にも問題があるのではないか"などと，心ないことを言われることもありました。しかし今日のいじめは，暴行や恐喝などれっきとした犯罪であるものや，インターネットを使ったいじめなど，昔よりはるかに残

忍で陰湿な手口がみられるようになりました．また，被害に遭った子どもが自殺をしてしまうことがあり，大きな社会問題にもなっています．このため，もはや昔のようないじめのとらえ方は不適切です．いじめる側は，あれやこれやと理由をつけていじめ行為を正当化しようとしますが，いじめは重大な人権侵害行為で，どんな理由があっても決して許されるものではないことを，教師は常に強調しなければなりません．

　今日のいじめでは，特別な子がいじめの対象になるのではなく，ごくささいなことをきっかけに，仲間集団のなかの1人が突然いじめの対象になったりします．そのため，子どもたちは自分がいじめられないよう，神経を使いながら日々生活しているといえます．文部科学省の『学校におけるいじめ問題に関する基本的認識と取組のポイント』(2006 a) でも，**いじめは，どの学校でも，どの子にも起こりうる**という観点を明示しています．

2. いじめの定義

　2人の男子生徒がお互いにプロレスごっこをやりたいと思っているなら，片方だけが相手に技をかけて攻撃していても，2人は遊んでいるといえるでしょう．しかし1人はやりたくないのに無理やりプロレス技をかけられているなら，いじめである可能性が出てきます．また，その日1日だけなら，単なる悪ふざけかもしれませんが，いやがっているのに毎日プロレス技をかけられているのなら，これはいじめです．さらに，そのプロレスごっこをまわりではやし立て，寄ってたかって1人の子を攻撃しているなら，これは明確ないじめです．

　文部科学省では，『平成17年度「児童生徒の問題行動等生徒指導上の諸問題に関する調査』までは，『いじめ問題への取組についてのチェックポイント』(2006 b) にみられるように，『「いじめ」の定義を，「**①自分より弱いものに対して一方的に，②身体的・心理的な攻撃を継続的に加え，③相手が深刻な苦痛を感じているもの**」』として全国の公立の小・中学校・高等学校・特殊教育諸学校のいじめの**発生件数**を調査していました．これは，心理学におけるいじめ研究の代表的な見解を採用したものでした．

　自分より弱い者という点については，体格や腕力，口げんかの強さ，友だちの

数など，さまざまな観点がありますが，友だちの数はとくに重要です．孤立していると誰も助けてくれないので，相手に反撃しづらいのです．そうなると，あの子は反撃してこないから安心して攻撃できると判断され，もっといじめられてしまうのです．したがって，いじめが発生している学級集団では，いじめる側が多数でいじめられる側が少数である「多対一の構造」が生じているのです．

ところが文部科学省（2006 b）では「個々の行為がいじめに当たるか否かの判断は，表面的・形式的に行うことなく，いじめられた児童生徒の立場に立って行うことに留意する必要がある．」とも言っています．つまり，いじめのを捉える際に先ほどの 3 点が重要であるとはいえ，**被害者が苦痛を感じていればいじめとみなすべき**だというのです．いたずらに"長期間続いているとはいえない"とか，"加害者側が大人数とはいえない"などの理由をつけて，学校側がいじめの存在を認めないことがあってはいけないのです．

この考え方をより明確するために，文部科学省では『平成 18 年度「児童生徒の問題行動等生徒指導上の諸問題に関する調査」』から，いじめの定義を以下のとおりとしています．**当該児童生徒が，一定の人間関係のある者から，心理的・物理的な攻撃を受けたことにより，精神的な苦痛を感じているもの.」**（文部科学省，2007）．この定義にもとづき全国の国立・公立・私立の小・中・高等学校・特殊教育諸学校のいじめの**認知件数**を調査するようになりました．新しい定義のもとで，いじめの発生件数から認知件数を問うよう質問の仕方を変えると，従来の約 6 倍もの件数のいじめが報告されるようになりました．

さらに平成 25 年（2013）には，「いじめ防止対策推進法」という新しい法律が成立・公布されました（文部科学省，2013）．この法律は，平成 23 年（2011）に起きた滋賀県大津市の中学校 2 年生男子がいじめを理由に命を絶つという事件を契機に，法案が提出され成立しました（経緯は小林（2013）を参照）．この法律では，いじめを「(前略) 当該児童等と一定の人的関係にある他の児童等が行う心理又は物理的な影響を与える行為（インターネットを通じて行われるものを含む.）であって，当該行為の対象となった児童等が心身の苦痛を感じているもの」と明確に定義しました．また，児童等はいじめを行ってはならないこと，保護者は自分の子供にいじめをさせないよう指導する責任を負うこと，文部科学大臣

や地方公共団体，および各学校がそれぞれにいじめ防止基本方針を策定すること，学校はいじめ防止のための組織を置くこと，いじめが犯罪行為として扱われる内容ならば警察と連携すること，いじめを行った児童に懲戒や出席停止を行うことができること，などが定められています．

3．いじめの四層構造

　森田（1985）によれば，いじめが起きている学級集団の人間関係は，四層構造になっているといいます．少数の**被害者**を取り囲むように**加害者**が存在します．加害者を取り巻く**観衆**という生徒たちは，自分で直接手は出しませんが，いじめを面白がってはやしたて，試合を観戦する観客のようにいじめを応援し，エスカレートさせます．

そしてそのまわりにいるのが，いじめに興味がない，被害者と親しくもない，下手に関わって自分がいじめられるのは困るなど，さまざまな理由から見て見ぬふりをする**傍観者**です（図4—3）．

図 4-3　いじめの四層構造（森田，1985に基づき筆者が作図）

図内テキスト：
傍観者（いじめを黙認）
観衆（いじめを是認）
加害者
被害者

　一般には，いじめは被害者と加害者のあいだでの出来事だと考えられがちですが，いじめ行為に賛成し是認する観衆がいると，加害者は教室のなかの多数派になることができるため，"みんなが賛成しているのだから"と，加害者は自分たちのいじめ行為を正当化できるのです．いじめ行為の責任は，加害者と観衆の人数で分割されたように感じられて，加害者は自分の責任が軽くなったように錯覚するのです．これを，**責任の分散**といいます．また観衆は，自分は安全なところに身を置きつついじめを楽しむのですから，ずるい存在ともいえるでしょう．傍観者もいじめに対してまったく責任がないわけではありません．見て見ぬふりをするのは，間接的にいじめ行為を黙認しているのと同じです．

4. いじめの動機

いじめの問題がマスコミで多く報道されるようになった今日では，子どもたちは日頃学校で，いじめはいけない，命を大切に，友だちを大切にと，事あるごとに言われ続けています．加害者は，いけないことだとよくわかっていながらいじめを行っているわけですが，なぜいじめてしまうのでしょう．**鈴木**(2000) によれば，主に以下のような動機があるといわれています．

① 欲求不満からいじめる場合 です．子どもたちはさまざまなストレスを感じています．親の過大な期待が重荷であったり，友人関係につまずいたり，テストの点数や成績に悩んだり，将来の進路に迷いを感じたりします．その苛立ちを，自分より弱いと思われる生徒に八つ当たりとしてぶつけるのです．

②「正義の味方」と思い込んでいじめる場合 もあります．だらしないから，みんなに迷惑をかけるから，などの理由で，自分が行いを正してやるという気持ちで特定の子を責め立てているうちに，エスカレートして単なるいじめになるのです．加害者は，自分は正しいことをしており，悪いのは相手だと考えています．正義感が強くて学級のリーダー一格であるような子が，このいじめを行ってしまうことがあります．

③「面白半分」でいじめる場合 もあります．とくに相手の子に恨みがあるわけでもないし，何かにストレスを感じているわけでもないのですが，単に面白そうだからいじめるのです．落ち着きのない子が退屈しのぎに，近くにいる子にちょっかいを出すような例です．自分が何かをすると，相手の子が嫌がったり泣いたりして反応するのが面白いのです．本人に聞いても，なぜそんな嫌がらせをするのか，理由をあまり説明できません．最初はささいなからかいでも，しだいにエスカレートして深刻ないじめになることもあるので，注意しなければなりません．

④「ねたみ」からいじめる場合 もあります．自分よりも成績がよい，運動ができる，容姿に恵まれている，人気者である，先生に気に入られている，家が裕福であるなど，さまざまな理由でうらやましい相手を，生意気だ，調子に乗っている，などといっていじめるのです．被害者側はごく普通にふるまっているだけなのに，加害者側が自分のコンプレックスを相手に投射して，相手が生意

気であるように感じるのです．

　⑤「**異質の排除**」**でいじめる場合**もあります．みんなと違う子がいると，みんなが暗黙のうちに共有している集団規範を脅かされているように感じるので，その子をいじめるのです．集団規範に対する同調圧力は，子どもたちのあいだのささいな違いを許容しない方向で働いてしまうことがあります．子どもたちがお互いの違いを尊重しあえるよう指導することが大切です．

　⑥「**付和雷同**」**していじめる場合**もあります．みんながいじめているから，いじめるのです．同調圧力に従わないことを**逸脱**といいますが，みんなでいじめをしようという悪しき集団規範に逸脱すると，規範を共有している集団への挑戦と受け取られ，攻撃されるのです．そのため，このいじめの背景にはいじめられることを避けたいという気持ちがあります．

　⑦**仕返しの**「**いじめ**」**をする場合**もあります．子どもたちの勢力関係は刻一刻と変化し，以前いじめっ子だった子がいつまでも勢力を保ち続けられるとは限りません．以前はいやいやその子に従っていた子たちが，その子の勢力や人気が落ちたとなると，報復を始めたりするのです．

5.　いじめ対策

　加害者がいじめを隠すことは容易に想像できますが，**被害者も，自分がいじめられていることを隠そうとする**ことが多いといわれます．被害者は，いじめられることによって自尊心を大きく傷つけられます．自分が弱いからいじめられるのだ，いじめられている自分はかっこ悪い，などと感じてしまうのです．また，親に心配をかけたくないとか，親には学校での自分の姿を知られてはならないと考える子もいます．さらに，親や先生に訴えて加害者に注意をしてもらったところで，告げ口したといわれてもっとひどくいじめられると思ったり，親や先生も打つ手がないから言っても仕方がないと考える子も多くいます．教師は，被害者がこのように感じてしまいがちなのを頭に置いた上で，**どんな場合でも，いじめは，いじめる側が悪い**ということを明確にし，いじめられたら友人，親，教師などに救助を求めるようすすめてゆくことが大切です．

6. いじめを未然に防ぐ
——ソーシャルスキル・トレーニングという観点

教師は，すでに発生してしまったいじめへの対応とともに，いじめを発生させない日常的な取り組みをする必要があります．子どもたちは，人間関係を上手にやっていく技術であるソーシャルスキルが未熟です．人づきあいの仕方が不器用で，もめごとが多いのです．仲間に入れてもらいたいときに上手に言えなかったり，嫌なことを頼まれた時上手に断れなかったりします．友だちが作れずに孤立してしまうと，誰かともめた時に援軍がいないので，多対一の構造が発生しやすくなります．また，苛立ちやねたみなどの感情を上手に処理できないと，落ち度のない誰かに八つ当たりをしてしまうかもしれません．相川・佐藤 (2006) は，学校でのソーシャルスキル・トレーニングによって子どもたちの人間関係をよくしようという試みを紹介しています．このような考え方は，いじめっ子もいじめられっ子も生み出さない教室を作るために，これからの学校現場に積極的に取り入れられてゆくことでしょう．　　　　（大石　千歳）

＊ 読者のための図書案内 ＊

・相川　充・佐藤正二（編）2006　実践！ソーシャルスキル教育　中学校—対人関係能力を育てる授業の最前線—　図書文化社：みなさんが実際に教員になった際に，教室での活動に活かせるアイディア満載の本です．
・鈴木康平　2000　学校におけるいじめの心理　ナカニシヤ出版：いじめに関する体系的な研究を，わかりやすい表現で1冊の本にまとめたものです．教員となった際，いじめについて深く向かいあいたい時にぜひお勧めします．

＊ 引 用 文 献 ＊

Asch, S. E. (1951). Effects of group pressure upon the modification and distortion of judgments. In Guetzkow (Ed.), *Groups, leadership and men*. Pittsburgh : Carnegie Press. 177-190.

相川　充・佐藤正二（編）（2006）．実践！ソーシャルスキル教育　中学校—対人関係能力を育てる授業の最前線—　図書文化社

Back, K. W. (1951). Influence through social communication. *Journal of Abnormal and*

Social Psychology, **46**, 9-23.

Festinger, L. (1950). Informal social communication. *Psychological Review*, **57**, 271-282.

Hartshorne, H., May, M. A., & Mailer, J. B. (1929). Studies in the nature of character, Vol.2. New York : Macmillan.

Lewin, K., Lippitt, R., & White, R. K. (1939). Patterns of aggressive behavior in experimentally created "social climates". *Journal of Social Psychology*, **10**, 271-299.

三隅二不二 (1966). 新しいリーダーシップ―集団指導の行動科学― ダイヤモンド社

文部科学省 (2006 a). 学校におけるいじめ問題に関する基本的認識と取組のポイント http://www.mext.go.jp/a―menu/shotou/seitoshidou/06102402/002.htm

文部科学省 (2006 b). いじめの問題への取組についてのチェックポイント (別添) http://www.mext.go.jp/a―menu/shotou/seitoshidou/06102402/001.htm

文部科学省 (2007). 平成18年度「児童生徒の問題行動等生徒指導上の諸問題に関する調査について」http://www.mext.go.jp/b_menu/houdou/19/11/07110710.htm

文部科学省 (2013). いじめ防止対策推進法の公布について (通知) (および別添1~5) 文部科学省 http://www.mext.go.jp/a_menu/shotou/seitoshidou/1337219.htm

Moreno, J. L. (1934). *Who shall survive? A new approach to the problem of human interrelations*. New York : Beacon House.

森田洋司 (1985). 学級集団における「いじめ」の構造 ジュリスト, **836**, 29-35. 有斐閣

小林美津江 (2013). いじめ防止対策推進法の成立 立法と調査, **344**, 24-35. 参議院事務局企画調整室.

鈴木康平 (2000). 学校におけるいじめの心理 ナカニシヤ出版

教育評価

　私たちは，自分が今どのような状態にあるかを知りたがる動物です．100 m
走をすれば，今のタイムが何秒だったかはストップウォッチで測りたくなるで
しょう．また以前に比べて，あるいは友達と比べてどのくらい速いのかも気に
なるところです．それと同様に教師が教育を行い，生徒が学習をするなかで，
現在の状態を「はかる」ことも重要です．

　このように，児童・生徒の能力や学習目標の達成度など，学習活動のなかで
必要な情報を，得られたデータから確認することを **教育評価** といいます．ま
た，この情報を得る方法としてもっともよく知られているものがテストです．
この章では，何のためにテストをするのか，そしてテストはどうやって行うの
か，そのしくみについて学習することにします．

❖❖❖❖❖ 第１節　教育評価とはどのようなものか ❖❖❖❖❖

1.　教育評価の目的と機能

　学校教育のなかで，児童・生徒一人ひとりの状態を知ることは，それぞれに
対して最適かつ十分な教育的支援を提供するために重要です．教育評価はその
状態を知るためにさまざまな情報を収集することを指します．教育評価は一般
的に，次のような役割をもっていると考えられています．

（1）　教育活動の実態把握

　学習者に提供している教育が効果を与えているか確認するものです．教育目
標の達成の程度，児童や生徒にとって教育を受ける環境が適切であるかなど測
定します．

（2）　学習者の実態把握

　教育を受ける学習者について，どのような教育を提供するのが適切であるか

の資料とするため，学習前の知識や理解の程度，学習に対する意欲や関心，学習のスタイルに関係する性格や，学習活動に困難をもたらす疾病や障害の有無などについても測定するものです．これをもとにクラス分けや班分けといった，人員配置を行うための資料にしたり，授業でどのような方法を用いて学習内容を提供するかの資料にしたりします．

（3）動機づけ

テストを返却することは，結果のフィードバックを行うことでもあります．生徒はそのフィードバックされた内容から復習を行い，次の学習への準備をします．また，成績が向上したり，競争相手との比較をしたりすることで，より学習の意欲を引き出すといった動機づけの機能も伴うことが多くみられます．

2．教育評価の歴史

もともと教育活動のなかでは，学習の結果さまざまな「評価」が行われます．見習いのコックがはじめて仕事を任されたり，親方についていた大工が親方から独立して開業したりするのも，一定の学習（修業）の結果であり，大きな意味で教育評価に基づいたものでした．6世紀から始まった中国の科挙など，評価の歴史はとても長いのです．

近代に入ると，国勢調査などで発達した統計学の進歩により評価は更に発展しました．教育の分野でも1904年に**ソーンダイク**（Thorndike, E. L.）によって著された『精神的社会的測定法序説』によって，大きな転換がみられました．ソーンダイクは知能や学力など教育に関するさまざまな項目を，すべて量的にはかることができるとしました．この考え方に基づいて**教育測定運動**と呼ばれる大きな流れが生まれました．そしてこの教育測定運動のもとで学力を測定するための沢山のテストが作られました．

また，1930年以降，**タイラー**（第3章参照）らによってなされたカリキュラム開発の発展は，それまでの単純な教育測定から，学習活動に対する興味や関心といった多様な側面をはかる，教育目標・教育課程に基づいた評価を重視するようになりました．これらの考え方が第2次世界大戦以降日本にも導入され，現在のような教育評価の基礎が作られたのです．さらに21世紀に入って，後

述するような新しい学力観といった多様な評価の重要性も考慮されるようになり，教育評価はさらに発展しています．

1. 何を評価とするか

　一口に評価といいますが，私たちは何をものさしにして評価しているのでしょう．評価の根拠となるのは，「何を」・「どの程度」という内容と程度をみているのです．この「何を」という内容についての判断材料のことを **規準（criterion）** といい，「どの程度」という量についての判断材料のことを **基準（standard）** といいます．たとえば，オリンピックで100 m走の代表となるには「速く走ることができる」必要があり，この条件は規準となります．この時，男子で10秒05を超えていればその国から3人まで出場できます（2020年東京五輪の場合）．このようなタイムや人数の条件は，基準として扱われます．

2. ブルームの3分類

　ブルーム（Bloom, J. S.）は，教育評価を行う時期がいつかという観点から，評価を **診断的評価・形成的評価・総括的評価** という3つの種類に分類しました．

　診断的評価とは，授業や単元の指導を行う前に，指導計画を立てるための評価です．たとえば，方程式の指導をするための診断的評価として，生徒がすでに四則演算をすることができるか，等式の意味を理解しているかなど，学習者のレディネスを測ります．教師は，これをもとに必要な教育的経験を用意することになります．

　形成的評価とは，授業や単元の指導を通して，学習者がどの程度理解したかを確認するための評価です．これまでに教育活動で扱った内容について，どの程度理解しているか確認することによって次の計画を立てます．また，指導方針の軌道修正も可能です．

　総括的評価とは，授業や単元の後の確認テスト，あるいは期末試験などのように，それまでの学習内容の習得状況を確認するものです．その意義として，

学習者は自分自身の努力の結果を知ることができることがあげられます．また，教授者も次の教育活動に対する改善点などの情報を得ることができます．

3．絶対評価と相対評価

（1）　絶　対　評　価

　個人の成績を評価する時，あらかじめ立てた教育目標についての基準に対して，どの程度到達したかの程度によって評価を行うものを絶対評価と呼びます．たとえば日本の各都道府県警で行われる運転免許試験は，90点以上で合格，それ以下はどの点数にもかかわりなく不合格となります．この90点という点数が目標となる基準であり，これに基づく評価は**目標基準準拠評価**と呼ばれます．また，合格・不合格の問題ではなく，単純に基準に対してどの程度到達したかをみることもあり，この場合は**到達度評価**と呼ばれます．

　古い時代の絶対評価は，規準や基準が明確にされないまま，教師の主観によって判断がなされていたこともありました．このような評価を主観的評価といい，客観性に欠けるばかりでなく，生徒の立場が必要以上に弱くなるという欠点をもっていました．これを避けるためには，あらかじめ目標基準を詳細に決めておく必要があります．たとえば江戸時代の歴史を学習する時には，覚えておく必要のある項目は何と何か，年号はどれを覚えておけばよいのかなど具体的な基準が必要となるのです．

　絶対評価の長所は，後述する相対評価と異なり，他者との比較を必要としない点にあります．もしさかあがりができたら体育の成績は「優」とする基準であるとして，クラスの生徒全員がさかあがりができた場合，全員が優になります．その反面，目標基準を詳細に決めておく必要があるため，評価が複雑かつ煩雑であり，基準の設定に問題がある場合，ともすれば客観性に欠ける可能性があります．

（2）　相　対　評　価

　絶対評価があらかじめ設定された基準によって評価を行うのに対して，個人がその所属する学習集団のどのあたりに位置しているかで評価しようとするものを相対評価と呼びます．

　もっとも単純な相対評価は順位です．100人中何位といった順位は，自分の

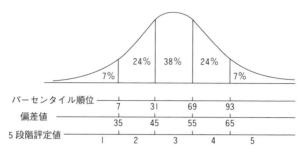

パーセンタイル順位	7	31	69	93	
偏差値	35	45	55	65	
5段階評定値	1	2	3	4	5

図 5-1　正規分布と各規準間の関係 (加藤, 2008『心理学の研究法』北樹出版)

位置関係を知るには十分ですが,「100 人中 1 人を除いて全員が 0 点」という場合には 99 人全員が 2 位ということになるように,個人の到達度を必ずしも適切に測ることはできません.

そこで,**分布**という考え方を取り入れます.人間の身長や体重,テストの成績などは一般的に,図 5―1 のような分布曲線を描くことが知られています.この分布曲線を**正規分布**といい,標本となる集団のデータ数が大きくなるにつれて正規分布に近づく傾向があります.反対にクラスのような少人数の場合,分布は必ずしも正規分布とはなりません.しかし,正規分布を仮定すると次のような統計的手法を利用した評価が可能になるので,通常は正規分布を仮定した形で成績処理をします.

①平均と標準偏差

もっとも基本的な統計処理です.**平均値(mean)**は n 人のサンプル(ここでは得点)がある時,全員の得点を足して,それを n で割ったものです.この計算は,次のような式で表すことになっています.ここで Σ という記号が出てきます.これは,「n 人の各自の得点をすべて足せ」という意味です.

$$M = \frac{\sum\limits_{i=1}^{n} x_i}{n}$$　　　このとき x_i は各自の得点

ここで平均が $\overline{x}$ として与えられる時,ある個人の得点 x_i から平均を引いたものを偏差といい,この偏差を二乗して平均をとったものが**分散**です.この分散の平方根が**標準偏差**(SD:standard deviation)と呼ばれます.標準偏差は次の

式で書くことができます．

$$SD = \sqrt{\frac{\sum\limits_{i=1}^{n}(x_i - \overline{x})^2}{n}}$$

　平均と標準偏差は後述する統計処理に必要となるもっとも重要な数値になります．また，分散はその集団の得点のばらつき具合（散布度）を示すものです．分散が高い時には得点のばらつきが大きく，低い時には小さくなります．

②パーセンタイル順位

　ある集団でn点をとった個人について，n点以下をとったものが何％いるか示すものです．

③標準得点と偏差値

　先に説明した標準偏差を利用すると，平均 $\overline{x}$ の分布において，ある個人の点数が x_i の時の位置を表すことができます．この数値のことを **標準得点**（Z得点）といい，次の式で表すことができます．

$$z = \frac{x_i - \overline{x}}{SD}$$

　標準得点は平均を0として，およそ-3〜$+3$くらいになります．これではわかりにくいので，よりわかりやすいように作ったものが**偏差値**（SS）です．ある個人の標準得点を z_i とする時，偏差値は次の式で表されます．

$$SS = 10z_i + 50$$

　集団が正規分布であると仮定できる時，パーセンタイル順位の上位7％の点は偏差値にして65以上，上位31％の点が偏差値55となります．下位も同様に取り扱うと相対評価での5段階評定の基準になります．

4．評価の変化と「新しい学力観」

　近年の学習評価の変化として，最新の学習指導要領（2017, 2018）では新しい学習観として「知識・技能」「思考力・判断力・表現力等」「主体的に学習に取り組む態度」の4つが示されました．

（1）　絶対評価への転換

　これまでの相対評価中心の教育評価から，絶対評価中心の教育評価へと大き

表 5-1 ルーブリックの例

	S	A	B	C
関心・意欲・態度	関心・意欲が高く、自分で新しい目標や課題を進んでやることができる。	関心・意欲はある程度高く、興味を持って課題や目標に取り組もうとしている。	示された目標や課題については、自分で達成することができる。	目標や課題の達成のためには、指導者の支援が必要なことがある。
思考・判断・表現	自分の考えを、自分の言葉を使って詳しく説明することができる。	自分の考えを、自分の言葉で十分に説明することができる。	自分の考えを、授業で学習した内容を使って説明することができる。	自分の考えについては、主観的な感想を述べることはできる。
技能	学習したスキルを利用して、発展的な課題を解決できる。	学習したスキルを利用して、授業で示した課題を自分で十分解決できる。	学習したスキルを利用して、授業で示した課題を自分で解決できる。	授業での課題を解決するために、指導者の支援が必要なことがある。
知識・理解	語句の理解が正確で、それぞれの語句同士を自由に結びつけてまとめることができる。	語句を理解し、それぞれの語句の関係についても理解している。	語句の理解がある程度できており、必要な語句を思い出すことができる。	語句の理解が十分ではないため、説明はまだ良くできない。

な転換を遂げました．評価では教育目標の達成状況から評価を行う **観点別評価** と呼ばれる方法が中心となり，評点も相対評価で使用されていた位置としての 5 段階評価から，達成度による 3 段階評価に改められました．

　この評価をより客観的にするため，**ルーブリック** という方法による基準の設定が主流になっています．ルーブリックは成功の度合いを示す数段階程度の尺度と，尺度に示された評価のそれぞれに対応するパフォーマンスの特徴から成る評価基準表です．ルーブリックは，学習者の課題達成を質的に採点する基準として効果を発揮します．

（2）　個人内評価

　個人の学習の状況を考える時，その子どもが全体のなかでどの位置にいるかという評価よりは，以前と比べてどの程度進歩したのかをみる評価の方が，よりその子どもの学習状況をみることができます．また，計算は得意だけれど図形は苦手といったように，その子どもの成績の特徴を測ることも有意義です．

このように評価の基準をその子ども一人ひとりにおく評価のことを **個人内評価** といい，特に重視されています．

　個人内評価の代表的なものが **ポートフォリオ評価** と呼ばれるものです．ポートフォリオとは，もともと芸術家が自分の作品をフォルダやファイルに保存することです．子どもたちが作った作品，自己評価法，教師やほかの生徒からのコメントを蓄積することで，教師や生徒は学習のプロセスを縦断的に，また積極的にとらえることができます．

（3）　指導と評価の一体化

　第3章のタイラーの原理でも示したように，教育活動は何をどう教えるかを計画した時点で，どのように評価するかについても決定されます．評価の結果によってその後の指導を再度改善し，さらに新しい指導の成果を評価するという一連の活動が教育活動です．この指導の計画（Plan）→指導の実施（Do）→結果の評価（Check）→指導の改善（Action）で示される一連のサイクルをPDCA サイクルといいます．**指導と評価の一体化** は，教育活動にはその成果を確認する評価が欠かせないということと，事前にどうやって教育の効果をはかるかを考えた上で指導をどう組み立てるか考えなければならないということを意味しています．

（4）　アンダーアチーバーと学習障害

　個人の成績を評価する別の方法として，その生徒の学力と知能とを比較するという方法があります．知能テストを行うと，知能指数を算出することができます．現在一般に使われている知能テストは，**知能偏差値** という形で全体での位置関係を確かめることができます．これと実際の **学力偏差値** を比較した時，知能偏差値よりも学力偏差値が著しく低いことがあります．このような生徒をアンダーアチーバー（学業不振児）といいます．

　学業不振の理由として，なんらかの理由で勉強を怠っている，あるいは勉強する機会に恵まれないために起こることが考えられます．また，文字の読み書きや空間の認識能力など，学習に関わるスキルや能力などが部分的に欠ける障害をもっている（**学習障害**）ことによって，学業が進まないケースも考えられます．アンダーアチーバーの可能性がある時には，教育の方法や環境などを改

表 5-2 アンダー・アチーバーの原因

原　因	具体的内容
学習の不完全	・読み，書き，計算能力などが低いこと ・知識や概念，手続きなどの未習得
学習スキルの欠如	・基礎的な学習スキルの欠如 ・深く理解するための方略獲得の欠如 ・自己の学習を管理するスキルの欠如 ・基本的学習習慣の未成立
動機づけの低下	・失敗，挫折による動機づけの低下，学習性無力感 ・家庭や学校など環境要因による動機づけの低下
学習障害による	・注意機能の困難 ・知覚機能の障害，難読（ディスレクシア） ・記憶に関する能力の障害 ・メタ認知能力，モニタリングの困難

めて検討する必要があります．

◇◆◇◆◇◆◇◆◇ **第３節　教育評価の方法とテスト** ◇◆◇◆◇◆◇◆◇

1.　評価の手順

テストを行う時，その手順は次のようになります．

（1）　評価の目的を明らかにする

たとえば教育心理学の能力をはかろうという時，本来なら教育心理学全体の内容を自由に試験に出せばいいかもしれません．しかし多くの大学の少ない授業の回数では，教える側もすべてを教えられるわけではありません．そこで先生は「授業で扱った内容から，それを理解しているかどうか試験する」といった「評価の目的」を明らかにします．いわば，ゲームのルールを決めるようなものです．

（2）　具体的な評価目標を定める

目的を明らかにしたら，どういう内容を出題するか具体的に考えます．授業で扱った語句が説明できればよいかもしれませんし，実際に実技を行って，学

んだ内容が実践できることが必要かもしれません．それを明確に定めることに
なります．

（3） 評価資料の収集

実際にテストを作り，実施します．そこで結果を得ることになります．

（4） 結果の処理と解釈

採点を行うという段階がここになります．実際には採点を行うだけでなく，
平均を出したり，得点の分布を見たりします．この結果，生徒は授業を理解し
ていたかどうか．あるいは，教育の方法に改善点がないかなど解釈をし，再び
くり返される教育実践に反映されるようにするのです．

2. さまざまなテスト法

テストは，その目的や機能によって，さまざまな形で分類することができま
す．ここでは，分類の基準からテストを考えてみます．

（1） 測定の目的による分類

学校教育では，教育の必要に応じて次のような場面でテストが使用されてい
ます．第一に学力や学習の状況を見るためのテストがあります．私たちが通常
「テスト」と言った時に思い出す期末テストや入学試験などの学力検査や，授
業の理解を確認する確認テストなどがふくまれます．また，授業についての興
味や関心など診断的評価のための質問もこれに含まれます．

また，生徒個人の特性や特徴をはかるテストもしばしば用いられます．もっ
とも重要なものとして，**知能検査**のような個人の知能をはかるもの，**性格検査**
や創造性検査など個人の特性をはかるものがあります．これらのテストは学習
だけでなく，学校への不適応や発達障害など，学校での臨床場面で使用される
ものも多くあります．

進路指導の場面でもテストは使用されます．進学や職業などの適性をはかる
適性検査，職業に対する興味・関心をはかる職業興味検査などが知られていま
す．

（2） テストの作られ方による分類

多くの学校で作られているテストは，教師が自分の指導した内容を生徒がど

れだけ身につけているか確認するために，教師自身によって作られるもので，これを **教師作成テスト** といいます．これに対して，目標基準準拠評価のため，いつどこでテストを実施しても変わらない結果が得られるように，テストの実施方法や問題の内容，採点の方法などあらかじめ決まっているようなテストがあります．このようなテストを **標準テスト** といい，標準テストを作成することをテストの **標準化** といいます．また，標準テストは後述する信頼性と妥当性が基本的に確立されているものです．知能検査や性格検査，適性検査などは基本的にこの標準化の手続きを経て作られていますが，教師作成テストは一般に標準化の手続きを経ていません．

（3）　質問のタイプによる分類

テストはその出題の種類によっても分けることができます．まず **論文体テスト** と **客観テスト** があげられます．論文体テストは「〜について，自分の意見を述べよ」といった長文による記述が求められます．論文体テストはテストを受ける側の深い知識や理解，あるいはそれらを使った思考や判断などを問うもので，これまで身につけた学習や経験が高度なものになっているかどうかをみるには適しています．しかし採点をどのような基準で行うかを決めることは難しく，同じ答案でも採点者によって異なる評価がなされたりする問題があります．

表 5-3　テストの出題形式

評価方法	想起の方法	出題形式	内　　容
客観テスト	再認形式	真偽法	○×で内容の真偽を答えさせる
		多肢選択法	複数の選択肢のなかから正しいものを選ばせる
		組み合わせ法	選択肢から関係する対を選ばせる
		選択完成法	文や表などの空欄に，選択肢から正しいものを選んで埋めさせる
	再生形式	単純再生法	質問に対して，簡単な用語や文を書かせる
		完成法	文や表などの空欄に，答えを書かせる
		配列法	複数の項目を一定の規則に並べ替える
		訂正法	誤り部分を指摘し，正しく訂正させる
論文体テスト			「〜について述べよ，要約せよ」など，知識や見解，意見などを長文で記述させる

これに対して客観テストは，誰が採点しても同じ結果が出るように作問が行われています．出題の形式としては，正しい答えを1つ選ばせる再認形式と，正しい答えを書き出させる再生形式があります（表5—3）．

◇◈◇◈◇◈◇◈◇◈◇◈ 第4節　テスト作成の問題 ◇◈◇◈◇◈◇◈◇◈◇◈

1．できの良いテストを作るために

　教育評価を誰にとっても納得のいくようなものにするためには，何が大切でしょうか．公平で自分の力をきちんとはかっていてくれて，しかもそれが具体的な形でわかるように示されている．良いテストには，このような条件が備えられている必要があるでしょう．教育評価が適正である，すなわち良いテストになっているためには，次のような条件が必要になります．

（1）信　頼　性

　テストを行った時，得られた結果が安定しているかどうかを**信頼性**といいます．具体的にいうと，テストをくり返し行った時に，ほぼ同じ結果が得られることを意味します．信頼性が高いことを確かめるには，次のような方法を使って確認します．

　①再検査法による信頼性　同一の測定を複数回行った時，つまり同じテストをくり返した時，それぞれの回での結果が同じように確認できる時，信頼性は高くなります．これを調べる方法として，それぞれの回のテストのあいだの相関をとり，相関が高い時には信頼性が高いとされます．テストを2回行い，それぞれ得点のデータをX，Yとした時の相関係数の求め方は以下の通りです．

$$r = \frac{1}{n}\sum_{i=1}^{n}\left\{\frac{(X_i - \bar{X})}{S(X)}\right\}\left\{\frac{(Y_i - \bar{Y})}{S(Y)}\right\}$$　Sはそれぞれのテストの標準偏差

②折半法による内的整合性

　内的整合性はテストに含まれる項目全体が，同一の心理学的特性に関する測定を実現していることを指しています．たとえば，数学の学力を測るために100問の問題があったとします．これらの問題が学力を測るのに適切であるとしたら，その100問を2つに分け，50問ずつ別々に使ってテストをしても，

表 5-4　テストで信頼性の高い測定値を得るための方法

1. 問題数を増やす
2. テスト時間を長くする
3. 正答率や「はい」と答える割合が50％程度である（通過率という）
4. 質問の指示や意図が不明確，あいまいでない
5. 質問内容や形式が均質
6. 解答に偶然の要素がはいる余地が少ない
7. 採点が客観的に決められる
8. テストを受ける側が特定の集団に偏らない
9. テストを受ける側の精神的・身体的条件が良好

（出典：池田央，1971『行動科学の方法』東京大学出版会）

同じような結果になるはずです．これを折半による内的整合性といいます．これを調べる方法として，クロンバックの α 係数などを使用する方法がよく知られています．

　信頼性の高いテストを作るためには，問題の数や出題形式など，表5—4に示すようないくつかの方法を用いることで信頼性を高められることが経験的に知られています．

（2）妥　当　性

　はかりたいと思っている目的を，正しく測定しているかどうかも，重要な条件です．たとえば，ある野球チームの強さをはかりたい時，そのチームの打率と，選手の身長の平均のどちらの方がより実際の強さを反映しているでしょうか？　このような「尺度（ものさし）は正しく見たいものを見ているか」についての性質を**妥当性**といいます．妥当性には，内容的妥当性，基準関連妥当性，構成概念妥当性があります．

①内容的妥当性

　その尺度が測定しようとしている概念の内容を偏りなく反映しているかについて確かめます．たとえば，ある生徒がどのくらいクラブ活動に熱心かどうかをはかりたい時，その生徒の活動への興味・関心，実際の参加日数，大会での成績だけで，もし熱心であると認められるなら内容的妥当性は高いことになります．そのほかにも測定すべき項目があるとすれば，内容的妥当性はさらに高くなります．

②基準関連妥当性

尺度ではかられた特性を，ほかの外的基準によって差異があるものと判別できるかによって妥当性を判断します．もし降水確率を予測することができるテストがあり，かつ「雨が降る時には，ツバメが低いところを飛ぶ」ということが正しいとわかっているならば，そのテストで高い降水確率を示す結果が出た時と，ツバメが低いところを飛ぶデータは，高い相関を示すはずです．

③構成概念妥当性

テストによって測定される概念に関する理論が，実際のデータによって実証されるかどうかです．不登校の原因が，学業の不振とクラスでの社会的な適応によって引き起こされやすいとしたら，不登校のなりやすさをはかるテストで高い点数をとった生徒が，実際に学業の不振やクラスでの社会的適応に悩んでいるというデータによって実証されるならば，構成概念の妥当性は高くなります．

④項目反応理論とテストの標準化

項目反応理論 は，テスト項目のあらかじめ算出された理解度と実際の正答率から，受験者が学習が身についた結果正答をしているかどうかについて測るための理論です．項目反応理論では，評価項目の難易度だけでなく，理解をしている学習者は正解をすることができ，理解していない学習者は正解できない問題かどうかを，識別力として算出することができます．項目反応理論よって作成されたテスト項目は，項目として標準化されるだけでなく，同時に回答した学習者の特性も標準化されることになるので，受験者が所属する集団の特徴などに影響されることなく，テストの得点を取り扱うことができます．

このような条件をクリアさせて，「どこでも，誰でも，同じ程度の能力・性質をもつ人は同じ結果が出る」テストを作成する．これを「**テストの標準化**」といいます．標準化されたテストは，信頼性と妥当性が高く，かつテストによってきちんとその特徴をもった生徒ともたない生徒（能力の高低）を見分けることができる**識別性**が高くなります．ただし，これを作るためには，周到な手続きによってテストの項目が選定され，500 人〜2000 人程度に事前にテストして，信頼性や妥当性が高いことを確認する必要があります．多くの「正しい」

テストは，この標準化を経て作られているのです．

　逆に，期末テストなどで作られるテスト（教師作成テスト）は，標準化されたものではありません．ただし，センター試験のように受験者が多い試験は，標準化の手続きを経てはいませんが，標準化されたテストがもつ条件をかなり満たしています．

2．テストでははかりにくいものがある

　評価を行うためにテストを行うのですが，テストが万能の道具ではありません．テストを行う際には，次のようなテストの限界を理解した上で実施することが望まれます．

（1）　評価基準は，あくまで基準

　学力であれ，興味や関心であれ，テストではかるものは私たちの目に見えないものであり，実際にはかっているのは「この問題が解けるならば，〜の力があるだろう」というあくまで仮定された基準に基づいたものです．教育評価は，実際に測定しているものと，本来の能力とのあいだに対応があると（妥当性がある）仮定できるものをはかっているのにすぎません．したがって，常に妥当性が高いかどうかについては，テストを作ってからも常に確認をする必要があります．

（2）　テストを受けた生徒は，明日も変化する

　小さい時に身体の大きかった子が，成長した時も大きいとは必ずしもいえないように，ある時点でのテストの成績がそのまま一生続くわけではありません．知能や性格特性のように，一生を通して比較的永続的なものもありますが，教育評価ではかられるものは，比較的変化しやすく，学習の努力によって大きく影響を受けます．また，テストを受ける側の体調など，測定値の変動もあります．期末テストのような総括的評価といっても，テストの翌日から生徒はまた新しい毎日が始まるのですから，その意味では，いつも形成的な要素を含んでいるといってもよいのでしょう．評価をする側は，このようなテストの性質に十分注意を向ける必要があります．

（3） ミスや失敗も，しっかり評価できることがある

　教育評価はともすれば，「どのくらいできたか」にばかり興味がそそがれ，失敗やミスについては積極的な評価をなかなかされないものです．しかし学習の過程においては，必ずといってよいほどなんらかのミスや失敗が伴うものです．最近では，失敗することについても積極的な意味が見出されるようになりました．アメリカのジックという認知科学者は，学習時に失敗した経験をもつ学習者が，失敗なく学習した学習者にくらべ後の類題の解決において著しく良い成績をあげることを指摘しています（Gick, 1992）．失敗するなかでも学習は進み，またより深い水準で知識は作られていきます．ついにはどのような状況でも自由に利用できる「有用な知識」に変化するという効果が失敗のなかにはあるといってよいでしょう．

　このようなミスや失敗のもつ意味にも注目し，学び手がそのなかでどのような積極的な意味をもつ活動を行っているかに注意することも重要です．また，形成的評価や観点別評価のなかで，多様な側面から評価をし，達成度以外の指標を重視することも大切なことです．　　　　　　　　　　（荷方　邦夫）

＊　読者のための図書案内　＊

・松原達哉（編）2001　心理テスト法入門　日本文化科学社：学力をはかるテストだけでなく，知能テストや適性検査など，さまざまなテストを1つ1つ解説したテストのカタログ．内容だけでなく実施の注意点や背景となる理論の解説もあります．

・田中耕治　2005　よくわかる教育評価　ミネルヴァ書房：学校教育で教育評価を行う時，必要となる基本的事項が網羅されています．

・田中敏　1996　実践心理データ解析　新曜社：教育心理学で必要な統計解析法のうち，基本的なものを紹介しています．心理学研究の方法についてもふれているので，はじめて教育心理学の研究を行う学生に向いています．

・別府正彦　2015　IRT入門　河合出版：項目反応理論を説明した基本的な文献．数学的な理解はどうしても必要になりますが，どのような考え方でテスト項目が取り扱われるかを知っておきましょう．

＊ 引 用 文 献 ＊

Gick, M. L. (1992). Learning from mistakes : Including analogous solution failures to a source problem produces later sources in analogical transfer. *Journal of Experimental Psychology : Learning, Memory, and Cognition*, **18**, 623-639.

池田央 (1971). 行動科学の方法 東京大学出版会

加藤司 (2008). 心理学の研究法 改訂版 北樹出版

───── **コラム：教員免許更新制** ─────

　幼稚園から高等学校で教員として仕事をするためには，基本的に教員の免許をもつ必要があります．日本ではこれまで，大学で教職の課程を選択し，免許状の交付を受けると一生教員になる資格を得ることができました．この免許に一定の期限をつけ，常に教員としてのスキルを一定以上もっていないと資格が失効するという制度が免許更新制です．制度としてはこれまでも，イギリスやフランス，ドイツなどで実施されてきました．日本では，2007年6月の教育職員免許法改正によって，2009年4月からの導入が決定しました．

　免許更新制の導入によって，日本では今後教員免許状には10年の有効期限がつきます．更新のためには30時間以上の更新講習を受け，認定試験に合格しなければなりません．さらに現在教員ではない免許保持者は，講習を受けて更新することができず，免許は失効します．講習は30時間のうち12時間が最近の教育事情に関するもので，教育制度や教育方法，あるいは子どもの発達とその変化などについての最新動向を身につけます．残り18時間は，自分がもつ免許教科の指導技術を向上させる講習や，生徒指導，教育相談などに関する講習です．最新の脳科学や心理学，あるいは教育相談や特別支援教育に関する事項など，教育心理学に関わる内容が講習のなかでかなり割かれており，教育心理学の知見が重要であることの一端が垣間見えます．

　更新制の長所として，一定期間ごとに教員が技術や知識を獲得する機会が得られるため，常に教員としての質を向上させることができる点です．しかし，これに対する反論として，多くの教師が現在でもさまざまな研修を行うなかで，更新講習というあらたな研修が義務として実施されるために，教師各個人が本来希望するレベルアップの機会を逸したり，教師の業務の負担が増すなどの問題点も指摘されています．

　これから免許状を取得する皆さん学生は，せっかくとった免許状が失効してしまうことに不安を感じるかもしれません．しかし現在のところ，改めて教員を目指したい時には，回復講習を受けて免許を回復することもできます．　　　　　　　　（荷方　邦夫）

Chapter 6 脳の発達と心

　最近は脳についての関心が社会的に高まっています．普段の生活のなかでも，たとえばテレビやインターネットなどで，脳についての話題を見聞きすることも多いでしょう．私たちは生涯にわたって学習を続け，さまざまな能力を獲得していきますが，その背後には遺伝と環境の相互作用による脳の発達過程があります．そこで教育の分野でも，脳科学で得られた知識を応用して，より適切な教育方法を見出そうという動きが活発になってきました．

　この章では，脳の発達についての基礎知識として，脳の神経回路がどのようにでき上がっていくのかを概観します．また脳の発達の障害として自閉症と発達性ディスレクシアを取り上げ，近年さかんな脳機能イメージングの手法による研究を紹介します．どちらの話題についても，ここで紹介できたのはほんの一部分ですので，章の終わりの図書案内などを参考にして，さらに知識を深めるとよいでしょう．

◇◆◇◆◇◆◇◆◇◆◇◆ 第1節　脳の発達 ◇◆◇◆◇◆◇◆◇◆◇◆

1．脳の細胞

　脳は非常に複雑な器官ですが，その構成要素は **ニューロン**（神経細胞）と **グリア**（神経膠細胞）という細胞です．

　ニューロンは脳の情報処理の基本単位で，他のニューロンから情報を受け取る **樹状突起** と，次のニューロンに情報

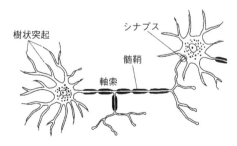

図 6-1　ニューロンの模式図
（山本健一，2000『意識と脳』サイエンス社，p.8 の図を改変）

を送るための**軸索**という2種類の突起を持っています（図6-1）．ニューロン内部では情報はインパルスという電気的な信号で伝達されます．多くの場合，インパルスが軸索を伝わって末端に到達した時に神経伝達物質という化学物質が放出されて，次のニューロンへ情報が伝達されます．このような細胞間での信号伝達が行われる場所を **シナプス** といいます．成人の脳には大脳皮質だけでもおよそ140億のニューロンが存在し，1つのニューロンは数千ものシナプスを介して入力を受けています．脳では膨大な数のニューロンが結合して **神経回路** を形成し，高度な情報処理を行うことで，さまざまな心のはたらきを実現しています．

一方，グリアはニューロンを補佐しています．ニューロンに酸素や栄養を供給したり，老廃物やシナプスで放出された神経伝達物質を除去するなどの役割をもっています．またある種のグリアはニューロンの軸索に巻きついて **髄鞘**<ruby>髄鞘<rt>ずいしょう</rt></ruby>を形成します（**髄鞘化**）．髄鞘は一種の絶縁体として働き，インパルスの伝導速度を上げて，脳の情報処理の効率を高めています．

2. 脳の発生と神経回路の形成

受精後3～4週で形成される，神経管という管状の構造から脳が発生していきます．神経管の内側の細胞が分裂してニューロンとグリアができ，外側に向かって次々に移動します．目的地に到達すると，ニューロンが集合して特定の脳構造を作り，軸索が伸長して，他のニューロンとの神経連絡を形成していきます．実際には，非常に複雑なメカニズムによって脳の発達が進行しますが，受精後9ヵ月には大人の脳とほぼ同じ形態が出現します．胎生期のニューロンの数はいったん飛躍的に増加した後，**アポトーシス** と呼ばれる遺伝的にプログラムされた細胞死によって減少していき，出生前には成人と同程度のニューロン数となります．アポトーシスの過程で，不要なニューロンが除去され，適切な神経連絡が形成されると考えられています．一方，シナプスは胎生期から徐々に増加し始めますが，この時期ではシナプスの発達は十分でなく，脳の機能は未成熟です．

出生後も脳の体積は増加し続け，成人までに約4倍の大きさになります．こ

れはニューロンの数が増えるためではなく，主に，軸索の伸長と髄鞘化，樹状突起の枝分かれ，グリアの増殖などによるものです．シナプスは軸索や樹状突起の成長とともに増加し，その後不必要なシナプスが除去されます（**シナプスの刈り込み**）．生後の環境との相互作用のなかで，生体にとって有用なシナプスが強化され，不要なシナプスが除去されることで，神経回路がうまく働くようになっていきます．シナプスの発達過程は脳部位によって異なっています．大脳皮質を機能の面から大きく分類すると，各種の感覚情報を専門に処理する感覚野，運動の制御に関わる運動野，異なる感覚の情報を統合して高度な情報処理を行う連合野に分けられます．ヒトの脳のシナプス密度を，聴覚情報を処理する感覚野（聴覚野）と，思考，判断，計画といった最も高度の情報処理を行う連合野（前頭前野）で比較した研究によれば，聴覚野では出生後 3 ヵ月に最大密度に達し，12 歳ごろ刈り込みが終わるのに対し，前頭前野では 15 ヵ月以降に最大となり，刈り込みは思春期まで続きます（Huttenlocher & Dabholkar, 1997）．髄鞘化の時期についても脳部位によって差が見られ，感覚野，運動野のニューロンの髄鞘化が完了した後に，連合野の髄鞘化が起こります．

　シナプスの刈り込みや軸索の髄鞘化のなかで，基本的な神経回路が発達していき，その順序は，感覚，運動機能を基礎として高次の認知機能が獲得されていく心の発達過程に対応しています．したがって脳の各部位で神経回路が形成される時期に，それぞれの部位の機能に応じた適切な環境が与えられることが，心の正常な発達にとってきわめて重要です．しかしながら，一旦，神経回路が完成したとしても，それが回路の固定を意味するわけではありません．その後の学習経験によって新たなシナプスが形成され，神経回路の再構成が起こることが知られています．また以前は，すべてのニューロンは脳の発達初期に産生され，それ以降は増加しないとされていましたが，近年になって成人の脳でも局所的に新たなニューロンが生まれること（**ニューロン新生**）が明らかになり，精力的に研究が進められています．心を支える脳の神経回路は，生涯にわたって発達し続けると考えられるようになっています．

1.　脳機能イメージング

　発達障害とは，先天的もしくは発達の初期段階に中枢神経系になんらかの異常が生じた結果，認知，言語，社会性などのいわゆる高次脳機能に障害が起こることをいい，自閉症，学習障害，注意欠陥多動性障害など多様な障害が含まれます．発達障害の原因を解明するために，脳の各部位の形態や容積を測定するなど，さまざまな手法で発達障害の脳が調べられていますが，近年は脳の機能を画像化する技術である **脳機能イメージング** を用いた研究が増加してきました．なかでも **PET**（陽電子放射断層撮影法）と **fMRI**（機能的磁気共鳴画像法）は認知神経科学の分野で広く用いられている手法です．

　脳機能イメージングでは，認知や記憶などなんらかの心的活動を行っている際に，脳のどの部位が働いているのかを調べることができます．PET や fMRI は，脳のある場所でニューロン集団が活動すると，酸素やグルコースを供給する必要があるために，その場所の血流量が増加する現象を利用しています．PET では，酸素やグルコースに微量の放射性物質（トレーサー）で目印をつけて血液中に注入し，トレーサーから放出される陽電子を追跡することで，ニューロンが活動している脳部位を特定します．fMRI では，酸素と結合したヘモグロビンと酸素を放出したヘモグロビンの磁気的な性質の違いを利用し，ニューロンの活動によって酸素が多く供給されている脳部位を検出します．fMRI はトレーサーを用いる必要がなく，また短い時間での活動変化を測定する能力（時間分解能）や，小さな領域の活動を測定する能力（空間分解能）に優れているため，fMRI を用いた脳研究が飛躍的に増加しています．以下では自閉症と発達性ディスレクシアでの研究例をあげて，発達障害に対する脳機能イメージングのアプローチの一端を紹介します．

2.　自閉症の脳機能障害

　自閉症 は多彩な症状を示す発達障害ですが，その中核症状として，他者との社会的関係を築く能力の障害，コミュニケーション能力の障害などがあげられ

ています．このような社会性の
障害を説明する有力な仮説の1
つは，他者の心的状態を理解す
る能力である「**心の理論**」が，
自閉症では正常に発達していな
いというものです．心の理論の
神経基盤については脳機能イメ

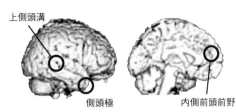

図 6-2　心の理論に関与する脳領域

ージングによる複数の研究があり，心の理論が要求されるさまざまな課題を行
っている際に共通して活動する部位として，前頭葉の内側前頭前野，側頭葉の
上側頭溝および側頭極（図6-2）が報告されています（Gallagher & Frith, 2003）.

カステリら（Castelli et al., 2002）は，2つの図形（三角形）が意図をもっているか
のように動くアニメーションを自閉症者に呈示して，PET による脳活動の記
録を行いました．健常者は図形の動きを見て，たとえば一方の三角形が他方を
だまそうとしているといった心的状態に基づく説明をしますが，自閉症者では
そのような意図に基づく説明をすることは困難でした．アニメーションを見て
いるときの脳活動を比較すると，健常者では上記の内側前頭前野，上側頭溝，
側頭極が活動していましたが，自閉症者ではいずれの部位においても健常者に
比べて活動が低くなっていました．自閉症では脳機能に障害があるために，心
の理論の発達不全が生じることを支持する結果といえます．

　また，他者の行動の理解に関わるミラーニューロンシステムの障害が，自閉
症の原因だとする説も提唱されています．**ミラーニューロン**とは，はじめにサ
ルの運動前野で発見されたニューロンです．サルが物体をつかむといった特定
の動作を行うときに活動するのですが，他者が同じ動作をしているのを見るだ
けでも同様の活動を示します．ヒトでこの部位に相当するのは前頭葉の下前頭
回弁蓋部で，行為の観察や模倣といった課題で活動することが明らかになって
います．行為を見るだけで，同じ行為を実行するときに用いられるニューロン
が活動するという性質から，他者の行動や意図の理解に関係していると考えら
れていますが，自閉症児と健常児が表情の模倣と観察を行っている時の脳活動
を fMRI で測定すると，健常児では下前頭回のミラーニューロン活動が見られ

るのに対して，自閉症児ではこの領域の脳活動の上昇が認められないことが示されています（Dapretto et al., 2006）．

3. 発達性ディスレクシアの脳機能障害

発達性ディスレクシア（発達性読み書き障害）とは，視力や聴力の障害がなく，知的発達にも問題はないのに，読み書きを学ぶことが著しく困難な症状で，**学習障害**の一つに挙げられています．音韻処理能力の障害が認められることが多く，言葉の音韻の認識や操作が困難であるために，文字と音の対応をうまく学習できないことがその一因と考えられます．北ら（Kita et al., 2013）は，発達性ディスレクシア児が音韻操作課題を行っている際の脳活動を fMRI で記録しています．課題は，平仮名3文字が1文字ずつ呈示された後に，それぞれの音を入れ替えると単語になるかどうかを判断することで，たとえば「い→す→か」が呈示された場合，初めの2文字を入れ替えると「すいか」となるので，単語になると判断できます．実験の結果，健常成人や健常児の脳活動とは異なって，発達性ディスレクシア児では右半球の大脳基底核の過活動と左半球の上側頭回の活動低下が認められました（図6-3）．大脳基底核は運動の制御や学習に重要な役割を担う部位ですが，複雑な音韻処理にも関わることが知られています．また左上側頭回も聴覚的な単語の処理などの音韻処理に関係の深い部位です．発達性ディスレクシアでは，これらの脳領域の機能不全によって音韻処理能力が低下し，読み書きの習得が困難になっている可能性があるといえるでしょう．

ここでは自閉症と発達性ディスレクシアの脳機能研究を紹介しましたが，その他の発達障害についても活発に研究が行われています．これまでに蓄積された心理学の知識と脳科学による新たなデータを関連づけることで，脳の発達や障害についての

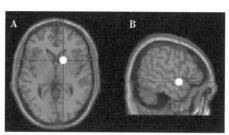

図6-3　発達性ディスレクシアにおける脳機能障害

音韻操作課題時において，右大脳基底核（A）の過活動と左上側頭回（B）の活動低下が認められた．（Kita et al., 2013に基づいて作成）

理解がさらに深まることが期待されています.　　　　　　（臼井　信男）

＊　読者のための図書案内　＊

・S. J. ブレイクモア・U. フリス　2012　脳の学習力　岩波書店：認知神経科学者が
教育者に向けて書いた脳科学の本です．学習に関する脳研究の成果がわかりやす
く紹介されています．

・榊原洋一・米田英嗣（編）　2015　脳の発達科学　新曜社：日本発達心理学会が編
纂した「発達科学ハンドブック」シリーズの一冊で，胎児期から老年期における
脳の構造や機能，脳の発達を研究するためのさまざまな方法，知覚・言語・記憶
といった脳機能の変化など，脳と発達についての話題が幅広く解説されています．
また発達障害についても大きく取り上げられています．

＊　引用・参考文献　＊

ブルーム F. E. 他　中村克樹・久保田競（監訳）（2004）．新・脳の探検　講談社

カールソン N. R.　泰羅雅登・中村克樹（監訳）（2013）．カールソン神経科学テキスト　第
4 版　丸善

Castelli, F., Frith, C., Happe, F., & Frith, U. (2002). Autism, Asperger syndrome and brain mechanisms for the attribution of mental states to animated shapes. *Brain*, **125**, 1839 -1849.

Dapretto, M., Davies, M. S., Pfeifer, J. H., Scott, A. A., Sigman, M., Bookheimer, S. Y., & Iacoboni, M. (2006). Understanding emotions in others : Mirror neuron dysfunction in children with autism spectrum disorders. *Nature Neuroscience*, **9**, 28-30.

Gallagher, H. L., & Frith, C. D. (2003). Functional imaging of 'theory of mind'. *Trends in Cognitive Sciences*, **7**, 77-83.

Huttenlocher, P. R., & Dabholkar, A. S. (1997). Regional differences in synaptogenesis in human cerebral cortex. *The Journal of Comparative Neurology*, **387**, 167-178.

Kita, Y., Yamamoto, H., Oba, K., Terasawa, Y., Moriguchi, Y., Uchiyama, H., Seki, A., Koeda, T., & Inagaki, M. (2013). Altered brain activity for phonological manipulation in dyslexic Japanese children. *Brain*, **136**, 3696-3708.

永江誠司（2004）．脳と発達の心理学　ブレーン出版

ピネル J. P. J.　佐藤敬・若林孝一・泉井亮・飛鳥井望（訳）（2005）．ピネル　バイオサイコ
ロジー　西村書店

第 2 部

心理教育的援助と人格・測定

　第 2 部「心理教育的援助と人格・測定」は，以下の流れで構成されています．まず「第 7 章　パーソナリティの理解」では，身近な話題である性格とは何か，という問題と学校で子どもたちの性格をどう把握できるか，その方法を解説します．「第 8 章　学校におけるカウンセリング」では，学校におけるカウンセリングの必要性と，具体的な内容を解説します．「第 9 章　幼児期，児童期，青年期の心理的問題」では，それぞれの時期の問題点と，その問題点への具体的な対処事例をあげながら対策を解説します．「第 10 章　心理教育的援助サービス」では，特別支援活動を中心に，発達障害をもつ子どもへの対応法を解説します．

　「第 11 章　スクールカウンセラーの活用」では，現場に定着してきた印象のあるスクールカウンセラーとのよりよい関係，その活用法を解説します．いずれも教育現場において応用可能な臨床的，かつ理論的に背景をもった内容を紹介しています．

パーソナリティの理解

　教室で子どもたちを見ていると，同じ状況でも違う行動をとっているように見えるのではないでしょうか．大人同士でも「どうしてこう考えるのだろう．私ならこうするのに」と思ったことがあるでしょう．たとえば，新しいスマートフォンを買った時，まずはマニュアルを見ながらやってみる人，とにかく動かして操作を覚える人，マニュアルを完全に読破するまでは始めない人，知っている誰かにどんどん聞いて覚えてしまう人もいます．私たちが，物事を見たり，考えたり，行動する時，その姿は個性的です．このような，人に特有な考え方や行動のあり方をパーソナリティ（personality）といいます．

　ところで，昨今，個性を尊重する教育といわれていますが，生徒のパーソナリティを適切に理解することだけでなく，発達過程の途上にある子どもたちが自分らしさに目を向け自分自身の個性や他者の個性を大事にしていけるよう援助をしていくことも大切でしょう．

　この章では，心理学がパーソナリティをどのようにとらえてきたのか，その基本的な考え方と，パーソナリティの理解を深めるための測定法にはどのようなものがあるのかについて学びます．

第１節　パーソナリティとは

　心理学では，その人らしさを説明する時，気質，性格，パーソナリティという言葉が用いられます．**気質**（temperament）は生まれながらにもっている情緒的反応の性質のことでパーソナリティ形成の土台となるものです．次に，**性格**（character）は，その語源に「刻み込まれたもの」という意味があり，人の性質の比較的安定していて変わりにくいところを強調しています．そして，**パーソナリティ**はラテン語のペルソナ（劇中で俳優がつける仮面）に由来し，人が後天

的に身につけ環境や役割によって変化する性質を強調しています。このパーソナリティは人格とも訳されますが，心理学で使う人格には「あの人は人格者である」というような道徳的な価値は含まれていないことに留意しましょう。現在，パーソナリティと性格はそれぞれがもつ本来の意味を共有して，日常的にはあまり区別せずに使われています。

　パーソナリティの定義は研究者によりさまざまですが，**オールポート**（Allport, G. W.）による「パーソナリティとは，個人の内にあって，その個人に特徴的な行動と考え（適応）を決定するところの，精神身体的体系の動的組織である」（星野ら，1982）が代表的です。簡単に言えば，自分らしい比較的一貫した行動様式を表す背景として自分の内にあるものがパーソナリティであるといえるでしょう。

❖❖❖❖❖❖❖❖ 第2節　パーソナリティをとらえる ❖❖❖❖❖❖❖❖

　一人ひとり違う個性あふれるパーソナリティをどのようにとらえたらよいか，表7−1に示すように，多くの研究者がさまざまな方法で取り組んできま

表 7-1　さまざまな性格の理論

理　　論	代表的な理論家	キーワード
精神分析的理論	フロイト	無意識，口唇期・肛門期
人間性主義的理論	ロジャーズ	自己概念
	マズロー	自己実現
類型説	ユング	外向性・内向性
	クレッチマー	体格と性格
	シュプランガー	価値観
特性説	オルポート	個人特性・共通特性
	アイゼンク	4層構造
	コスタとマクレー	5因子モデル
社会認知的理論	ミッシェル	状況と認知

　性格理論として最もよく取り上げられるのは類型説と特性説である。類型説はいくつかの典型的な例にあてはめて分類するものであり，特性説は性格を行動傾向の集積としてとらえるものである。

（出典：無藤隆，森敏昭，遠藤由美，玉瀬耕治，2004『心理学』有斐閣，p. 216）

した．ここでは，そのなかから，類型論，特性論，精神分析的理論を紹介しながら，パーソナリティを理解する視点を学んでいきます．

1．類 型 論

　ある基準に従い，いくつかのタイプに分類することで，人のパーソナリティを全体としてとらえようとする方法を**類型論**といいます．類型論の考え方は，古代ギリシャにまでさかのぼることができます．2世紀にガレノス（Galenos）が4種類の体液のバランスが乱れて病気が起きるという体液説をもとにして，体液とそれに特徴的な気質を結びつけています．

　類型論には，生物学的な面から心理学的な特性まで，何を分類の基準するかによってさまざまな立場があります．代表とする人にはクレッチマー（Kretschmer, E.），シェルドン（Sheldon, W. H.），ユング（Jung, C. G.），シュプランガー（Spranger, E.）などがいます．もともと多種多様なパーソナリティを少ない型に分けて考える類型論の価値は，その類型がパーソナリティの本質的な特徴にどれだけ迫れるかということで，類型のみですべてを説明しようとしているわけではありません．そのため，類型にあてはまらない中間型や混合型があることはあたりまえですし，「〜だから〜だ」と型と特徴を単純に決めつけてパーソナリティを判断しないようにすることが大切です．

（1）　クレッチマーの体格気質類型論

　ドイツの精神医学者の**クレッチマー**（Kretschmer, E.）は臨床上の経験から，タイプ分けのよりどころを身体的・体質的な部分に置き，体格とそれに特徴的なパーソナリティについて論じました．肥満型は躁うつ気質，細長型は分裂気質，筋骨型は粘着気質と呼ばれています．それぞれの詳しい性格特徴は図7−1に示してあります．

（2）　シェルドンの類型論

　クレッチマーの考えに基づいてアメリカの**シェルドン**（Sheldon, W. H.）は大学生の身体の器官を測り，消化器官がよく発達している内胚葉型，皮膚や感覚器官，神経系の発達がよい外胚葉型，筋骨の発達がよい中胚葉型と3つの体型に分類しました．それぞれに対応する内蔵緊張型（飲食や娯楽を楽しみ，社交的），

体格	気質	気質の特徴		
肥満型	躁うつ気質	基本的特徴	軽躁性	抑うつ性
		社交的 親切 友情に厚い 温かみがある	明朗, 活発 ユーモアがある 激しやすい	静か 落ち着いている 丁重, 柔和
細長型	分裂気質	基本的特徴	敏感性	鈍感性
		非社交的 静か, 用心深い きまじめ 変わっている	敏感, 臆病 恥ずかしがり屋 神経質, 興奮しやすい 自然に書籍に親しむ	鈍感, 従順 お人好し 温和, 無関心
筋骨型	粘着気質	基本的特徴	粘着性	爆発性
		硬い 几帳面 物事に熱中する 秩序を好む	丁寧すぎるほど丁寧 いんぎん まわりくどい	興奮すると夢中になる 激しやすい

図 7-1　クレッチマーの類型

頭脳緊張型（控えめで抑制的, 心配性），身体緊張型（自己主張的, 身体活動を好み，激しやすい）の気質は，クレッチマーの躁うつ気質，分裂気質，粘着気質の3気質にほぼ重なるものとなっています．

（3）　ユングの向性類型論

　ユング（Jung, C. G.）は分析心理学の立場から類型を考えました．ユングは私たちが一般的にもっている外向型は社交的で内向型は消極的で暗いといったイメージとは異なり，人は生まれつき心的エネルギーの向かう方向（向性）に違いがあるからと考え，パーソナリティを「**外向型**」（自分の外の世界に向かう）と「**内向型**」（自分の内面に向かう）に区別しました．私たちの手に利き手があるように，心にも異なる2つの態度があり，どちらか一方を習慣的に使うと考えたのです．外向型は自分の周囲の出来事や変化を把握し，それと関わって行動しようとする特徴があります．判断が早く適応能力や実行力がありますが，他人の意見や時流に流されやすい側面ももっています．一方，内向型は自分の内にある思いや考えに焦点をあてていく特徴があります．思慮深くもの静かで，新しい状況に迷いやすいため行動が遅くなるところがあります．さらに，ユングはこの2つの型を4つの心の機能（思考, 感情, 感覚, 直感）と組み合わせ，8つの型に分類しています．

（4） シュプランガーの価値類型論

シュプランガー（Spranger, E.）は個人が生活のどの領域にもっとも価値を置いているかという主観的な価値意識に基づき，理論型，経済型，審美型，宗教型，権力型，社会型の6つの類型を見出しました．

2. 特 性 論

「あの子は明るくて活動的だね」などと言いますが，**特性論**では，この「明るさ」や「活動性」を**特性**と呼び，多かれ少なかれ誰でもが共通にもっている行動様式だと考えます．特性論では，こうした特性をどの程度の量でもっているかを測定してパーソナリティを記述しようとしています．この量的な違いが個人差です．特性論ではパーソナリティの違いは質の差ではなく程度の差と考えられているのです．特性をどのようにしていくつ取り出すかは研究者によって違い，それぞれに異なる尺度や心理検査が生み出されています．特性論を代表とする人には，オールポート，アイゼンク（Hysenck, H. J.）などがいます．特性論は統計手法である因子分析を用いており，パーソナリティを客観的，多面的で量的に表現することにすぐれていますが，個々の特性上の傾向は記述できてもパーソナリティの全体像がつかみにくくなったところがあります．

（1） オールポートの特性論

オールポートは，ウェブスターの辞書からパーソナリティを表現する言葉を約18,000語集め，分類・整理することで特性を取り出しました．さらに，それらの特性を他者と比較できる共通特性と比較できない個人特性に分類して作り上げたのが心誌といわれるプロフィール表です．心誌はその後のパーソナリティ検査に大きな影響を及ぼしました．

（2） アイゼンクの特性論

アイゼンクは独自の因子分析の手法を用いて，最上位に3つの因子として内向―外向，神経症的傾向，精神病的傾向を置き，その下位に特性レベル，次に習慣的な行動のレベル，個別な行動のレベルという4つの階層からなるパーソナリティモデルを提起しました．アイゼンクは特性論の立場ですが，特性の上に類型を提示していることから，類型論と特性論を結びつけている理論といえます．

（3） 5因子モデル

　特性論では統計学の発展とともに，**ビッグ・ファイブ**（Big・Five）と呼ばれる5因子モデルが改めて注目されています．このモデルでは神経症傾向，外向性，開放性，調和性，誠実性の5因子（研究者によって名称は少し異なります）でパーソナリティを説明できると考えています．欧米だけでなく日本や他文化圏でも同様な因子が確認され，パーソナリティを表現するための文化を超えた共通特性としてビッグ・ファイブの有用性を探る研究が続けられています．

3．精神分析的理論

　精神分析的理論は，パーソナリティを特性の総和ではなく，心の構造とそれがどのように関係しあっているかで説明しています．ここでは，**精神分析**の創始者であるフロイト（Freud, S.）の理論を紹介します．

（1） フロイトによる心の構造

　フロイトは，ヒステリーの患者を治療する過程から，心の中に自分でも気がつかない無意識の層があることに言及しました．また，人の心を一つの心的装置と考えその構造とはたらきを説明しました．図7―3のように，人の心には**エス**（イド），**自我，超自我**という3つの領域があり，それらがお互いに関係しあって私たちのパーソナリティを決めると考えたのです．

　エスは私たちがもっているもっとも原始的な本能衝動の貯蔵庫で，生きる源となるエネルギー（リビドー）が渦巻き「～したい」「～がほしい」とひたすら「快」を求めようとする**快楽原則**に従っています．超自我は「～してはいけない，～すべき」という良心・道徳心・理想をもち，現実を考慮しない自己中心的なエスの欲望を見張っています．そして，自我はエスの欲望と外の現実との折り合いをつける調整役となり，超自我の監視を受けながら現実的に即した満足が得られるよう**現実**

図7-2　フロイト

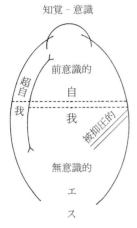

図 7-3 フロイトによる心の構造

原則に基づいて働いているのです.

　エス，超自我，自我の強さの違いでパーソナリティを表現すると，エスが強いと衝動的だったり自己中心的になり，超自我が強いと自分や他人に完璧を求める傾向が強くなりがちです．自我が強い人は現実的で合理的です．

（2）防衛機制

　さて，自我は現実原則に従った調整役を問題なく果たそうと努力していますが，いつもうまくいくとは限りません．時には激しいエスの衝動に我慢ができなかったり，我慢させすぎたりすることがあります．欲求不満や葛藤などから来る不安や抑うつ，罪悪感などの不快な感情を減らし，自我の安定を図ろうと無意識的に起こるのが**防衛機制**です（表7-2）．これを見ると誰もがどこかで経験しているのではないでしょうか．適度であれば助けになりますが，特定の機制にいつも過剰に頼りすぎると，現実的な問題解決から離れてしまい，心理的に不安定な状態を引き起こすこともあります．

　大人だけでなく子どもたちも成長の過程で自分自身や他者との関係，学校生活からのストレスを受けています．今ある困った事態と折り合いをつけ自己を

表 7-2 主な防衛機制

種類	内容
抑圧	苦痛な感情や思考，記憶などを無意識の世界に閉じ込める
退行	現在より以前の発達段階に戻り満足を得ようとする
逃避	都合の悪い事態との直面を避け病気や空想などに逃げ込む
反動形成	受け入れられない欲求や衝動を抑えるため反対の態度をとる
合理化	葛藤や罪悪感を伴う言動をもっともらしい理由で正当化する
昇華	反社会的な欲求を社会的・文化的に高次の目標に向ける
補償	自己の劣等感や弱点を別の欲求を充足させることでカバーする
同一視（同一化）	他者の特性やその他の属性を自分のものとして獲得する
投影（投射）	自分の中の受け入れられない願望や衝動を他者に見出す

守るという面において，防衛が使えることは大事なことです．しかし，防衛以外の具体的な問題解決の手段を身につけていくことも必要でしょう．

（木ノ瀬　朋子）

❖❖❖❖❖❖❖❖❖❖❖❖❖ 第3節　適　　応 ❖❖❖❖❖❖❖❖❖❖❖❖❖

1．人間の欲求，欲求階層説

　人はどのような欲求をもっているのでしょうか．欲求は人間の「夢」とも関連がありますので，どのように人が夢を叶えるのかという意味でも，欲求について理解することは重要です．欲求は大きく2つに分かれ，**「一次的欲求」**と**「二次的欲求」**があります．「一次的欲求」は基本的な身体に関する欲求で，摂食，飲水，睡眠，排泄，性的欲求などが含まれます．「二次的欲求」は社会的欲求と呼ばれ，何かを達成したいという達成欲求，安全に生活したいという安全欲求，人から認められたいという承認欲求などがあります．

　マズロー（Maslow, A. H.）は人間の欲求を階層にして理解する**「欲求階層説」**を唱えました．マズローは人間の欲求とその充足（満たされること）が，低次のものからより高次のものへ進むと考えました．この欲求階層説では，**「自己実現の欲求」**などの高次の欲求は，**「承認の欲求」**や**「所属の欲求」**などの欲求が叶えられたあとに実現できることに注意が必要です．現在の日本では，普段は一次的欲求が叶えられている場合が多いのですが，地震や災害などにあった地域では，水や食事を得たり，お風呂に入ることが大変であることからも，一次的欲求を満たすことの大切さがわかります．自己実現の欲求の内容は，人によってさまざまですが，就職に限定して考えると，周囲の人，つまり上司からの承認や，会社に入るなどの「所属の欲求」が叶えられた上で自分らしい仕事ができる，と考えられます．自己実現の欲求は可能性を発揮しようとする**成長動機**です．まず仕事で成功するためには，所属の欲求が満たされること，もしフリーで仕事をしているのであれば，周囲からの承認が必要です．「歌手になる」「作家になる」などの自由に感じられる職業でも，実際はレコード会社や出版社の承認の上で活動ができますので，段階を経て欲求を満たしていくことは重

高次

- 自己実現の欲求
- 承認の欲求

所属と愛の欲求

安全の欲求

生理的欲求

図 7-4　マズローによる欲求階層説

要でしょう．マズローの説は図7—4に表示してあります．

2．欲 求 不 満

欲求がありながら，それが満たされず，何かによって妨害されている時の精神状態を **欲求不満**（フラストレーション，frustration）状態といいます．また，欲求不満に耐える力を **欲求不満耐性** といいます．この耐性は日常用語で「がまんする力」と呼べるでしょう．日常生活でうまく適応していくためには，このがまんする力，「欲求不満耐性」をつけていくことが必要です．それには，普段の欲求不満にどう対処していくかの細かいスキルをつけていくことが大切です．学校では，日常の活動のなかに **ソーシャルスキル・トレーニング** を取り入れて，耐性をつけていくという方略も必要でしょう．例をあげると，ぶらんこの順番を取られてしまった子どもが「順番だよ」とその子どもに主張したり，横入りした子どもがそこで謝ることを学んだり，こういった学校での細かい日常のやりとりが発達上の「耐性」に影響していくと考えることができます．子どもが対処法をうまく身につけられない時，逸脱行動となり，非行になる場合もあります．また，ほかの子どもとトラブルになりクラスで孤立化すると，不登校に関連するような長期の孤立化に至る場合もあります．

3．葛藤，コントロールする力

お互いに相容れない性質をもつ欲求が同時に存在し，なかなか行動を起こせない状態を **葛藤**（コンフリクト，conflict）状態といいます．社会心理学者の **レヴィン**（Lewin, K.）は，葛藤を3つのタイプに分けています．「接近―接近の葛藤」これは，「教員になりたい，でも医師にもなりたい，だからどちらも決められない」と同時にはかなえられないプラスの誘因性を2つもつことです．「回避―回避の葛藤」これは「勉強したくない，でも落第したくない」と2つのマイナスの誘発性が同時に起こり，身動きができなくなる状態です．「接近

第2部　心理教育的援助と人格・測定

—回避の葛藤」これは，「人と仲良くなりたいが，人と話すのは緊張する」とプラスとマイナスの誘因性が同時に存在する状態です．

　感情を **コントロール** することがうまくいかない時，感情を爆発させてしまい，「キレる，切れた」と呼ばれる状態に陥ることがあります．青年期までは，対処するスキルが足りないために感情を爆発させる場合があり，そのことだけで特別な病気であるとはいえません．ある程度以上の年齢になっても感情のコントロールがうまくいかず，対人関係の問題を引き起こす精神障害には，境界性人格障害というものがあります．食欲がコントロールできない場合，過食症という「摂食障害」が起こることもあります．この障害では，拒食症といって食欲を過剰に押さえようとする欲求の過剰なコントロールがみられることもあります．

　普段の生活や学業で，意欲をもって活動していても，自分の行動が人に評価されない場合が続くと，原因帰属との関連で，**無気力** が強まり，うつ状態になることもあります．感情のコントロールとの関連では，無気力な状態はネガティブな方向への感情のずれをコントロールできない状態であるといえるでしょう．青年期までは，この感情や欲求のコントロールの方法を学んでいく時期であるといえるでしょう．

❖❖❖❖❖❖❖ 第4節　パーソナリティの理解 ❖❖❖❖❖❖❖

1．パーソナリティの理解

　人のパーソナリティ（性格）を理解する方法は，大きく分けて **行動観察法，面接法，心理検査法**（テスト法）があります．

（1）　行動観察法

　対象となる生徒を自然な状態において，その行動を観察する「**自然的観察法**」が代表的なものです．いつでも対象生徒がいれば教室等で行える反面，偶然の行動や一度きりの行動が記載されてしまい，その生徒のいつもの行動をとらえられているか，不明な場合があります．ある場面を設定し，その場面での行動を観察する「**実験的観察法**」もあります．観察者が，休み時間に子どもたちにあるゲームを行うように指示し，その最中の行動を記載するような比較的

自由度の高い観察の方法から，厳密な行動統制場面を設定するようなものまでさまざまな実験的観察を行うことが可能です．

（2） 面 接 法

面接法は，対象となる生徒と実際に面接してパーソナリティを把握する方法です．そのうち「非構造化面接法」はまったく自由に，面接者が質問を行い，対象者に自由に会話をしてもらう方法です．「構造化面接法」は，あらかじめ質問項目と質問順序が決められていて，誰が面接しても同様の結果が得られるようにされている方法です．この 2 つの中間となる「半構造化面接法」もあります．

（3） 心理検査法

大きく分けて「**質問紙法**」「**投影法**」「**作業検査法**」の 3 つがあります．

①質問紙法：質問紙法は，「あなたはきちょうめんなところがありますか」「ほかの人が自分をどうみているか気になりますか」などの質問が並んでいる解答用紙に，「はい」「いいえ」などで回答するものです．代表的な検査に，「**Y―G 性格検査**」，「**MMPI**」（ミネソタ多面式人格目録）「**TEG**」（東大式エゴグラム）などがあります．

a） Y―G 性格検査 (図7−5)：質問紙法の代表的検査です．「何かにつけて自信がない」「会の時は人の先に立って働く」などの項目に，はい，いいえ（またはどちらでもない）で回答し，プロフィールを作成します．実施法は簡単で，15 分程度で終了します．実施は集団で行えますが，最大 50 名程度までが限度だといわれています．ギルフォードらが作成した 13 種類の性格特性から，矢田部達郎らが尺度構成を行い，このテストを作成したので矢田部―ギルフォードから Y-G と呼ばれています．使われている性格の因子は「社会的内向，思考的内向，抑うつ性，循環性内向，のんきさ，一般的活動性，支配性，男性性，劣等感，神経質，客観性の欠乏，愛想のないこと，協調性の欠乏」です．

プロフィールの類型判定は「平均型」「不安定消極型」「安定消極型」「安定積極型」「不安定積極型」に分類されますが，あてはまらないプロフィールも解釈可能です．学校や，大学，産業領域，非行少年の指導などこれまで多くの領域で活用されています．短い時間で特徴を把握するには有効です．実施には臨床心理士，公認心理師（スクールカウンセラー）などの助言を得るとよいでしょう．

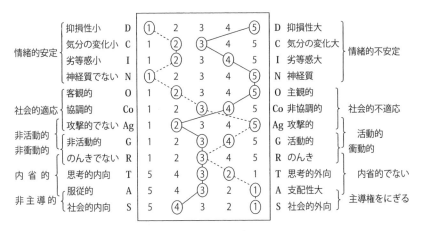

図 7-5　Y-G 性格検査のプロフィール

(出典：髙見令英・向後礼子・德田克己・桐原宏行, 1995『わかりやすい教育心理学』文化書房博文社, p.68)

②投影法：投影法は，検査者と被検査者とで一対一で実施します．そのテストで提示するもの（刺激図版）として，あらかじめ定められた「あいまいな図形（ロールシャッハの図版）」や「絵（TAT 図版）」を見せて，それへの反応からパーソナリティをとらえようとする方法です．投影法は，何を検査されているか被検査者にわかりにくいので，質問紙法よりも作為的な反応（作られたり，うその反応）がしにくいというメリットがあります．その反面，検査の実施や結果の処理に時間がかかり，熟練を要するという特徴があります．なお，投影法という言葉から，防衛機制の「投影」を連想する人がいますが，投影法で用いられている「投影」は精神分析用語の投影ではなく，心理学者フランクの用語です．フランクは"自らは語りえない，あるいは語ろうとしない私的世界を外界に体現する"という意味で投影を使っていたといいます．本人が語ろうとしない内的世界を知るための検査法が投影法であるといえるでしょう．

a)　**ロールシャッハ・テスト**（図7-6）：スイスの精神科医ロールシャッハによって考案された検査です．ロールシャッハによって作成された10枚のカードを被検査者に見せ，その反応を記録して採点し，解釈を行います．幼児から，成人まで適用できます．実施，採点法は日本では従来，片口式（片口安史

図 7-6　ロールシャッハテスト図版の例
(塩﨑尚美編著，2008『実践に役立つ臨床心理学』
北樹出版，p. 34)

によって考案された方式）が用いられてきましたが，現在は包括的システムロールシャッハ法での解釈も用いられるようになってきています．子どものロールシャッハ・テストの研究書も刊行されています．実施には熟練を要するため，学校現場でロールシャッハ・テストを行う必要がある場合，臨床心理士に実施を依頼した方がよいでしょう．

　　b)　**TAT**：TAT（主題統覚検査）は，心理学者のマレーを中心としたハーバード大学心理学クリニックのスタッフが考案した，パーソナリティを測定するテストです．日本では，早稲田大学で日本版が作られたほか，戦後さまざまな研究がありましたが，現在は山本和郎，鈴木睦夫などの解釈法が主に用いられています．刺激図版は，現在ではマレーのハーバード版が日本でも用いられています．実施には熟練を要するため，学校現場でTATを行う必要がある場合，臨床心理士に実施を依頼した方がよいでしょう．

　　c)　**SCT**（図7-7）：SCT（文章完成法）は，未完成文章を示して自由に完成させるという課題を与える心理検査です．被検査者のパーソナリティや能力，環境，対人関係などを具体的に把握できる検査です．「『私の母』という文章を読んでなんでも思いついたことを書いてください」という課題があるとします．「私の母は優しい人です」「私の母は，私が大学に行くことに反対しました」など，人によってさまざまな反応が生まれます．このような設問（たとえば「私の父」「私の夢」「私が心配になること」など）が解答用紙に設定してあり，その回答をもとにパーソナリティの解釈を行います．SCTはその起源をユングの「言語連想法」にもつといわれていますが，記憶の研究をしたエビングハウスの1897年の研究にすでにこの形のテストが用いられていたともいわれています．

日本では阪大式SCT，構成的文章完成法，佐野・槙田の「精研式文章完成法テスト」などが現在用いられています．問題を選び出して実施すれば短時間で実施できるため，学校現場でも利用できると思われます

家族関係
　よその家にくらべて私の家は……　　私のきょうだい……
交友関係
　友だちといっしょになると……　　　友だちは私を……
身体関係
　私の顔……　　　　　　　　　　　　私のからだ……

図 7-7　SCT の文章の例

（出典：岡堂哲雄編，1993，『心理検査学　垣内出版，p.382）

が，解釈に熟練が必要とされるために，実施には臨床心理士，公認心理師（スクールカウンセラー）などの助言を得るとよいでしょう．

　③**作業検査法**：ここでは代表的な「**内田・クレペリン精神作業検査**」を紹介します（図7-8）．

　クレペリンはドイツの精神科医で，1888年ごろから一桁の数字の連続加算の研究を行っていました．日本の心理学者内田勇三郎はこのクレペリンの研究にヒントを得て，独自の「内田・クレペリン精神作業検査」を開発し，普及させました．内田は1923年ごろより開発を始め，1946年に手引きを発行したので，このころ検査の形ができたと考えられます．テストの基礎データは，精神科，学校，工場などさまざまなところで入手しました．実施法は，「一桁の数字」が横に何行にもわたって印刷されている検査用紙に，被検査者はその数字の加算の答えを間に書くことを続けます．この作業は，15分作業，5分休憩，10分作業で実施され，内田は「25分法」と命名しました（後半を15分とする方法もある）．内田はこの作業中に働く被検査者の心理的活動を5因子としました（①意思緊張②興奮③疲労④慣れ⑤練習効果）．また，精神的に安定している人の曲線を「定型曲線」とし，その定型曲線とのずれや，曲線の歪曲から被験者の緊張，新しい事態の受け止め方，感情の安定性などがわかるとされています．作業量の変化や成績から，意思的な側面とパーソナリティをとらえることができるとされています．検査の適用年齢は10歳ごろから成人までです．集団で実施できます．これまで，学校現場，会社，非行少年の指導などに利用されてきましたが，解釈には，詳しい人の助言が必要です．

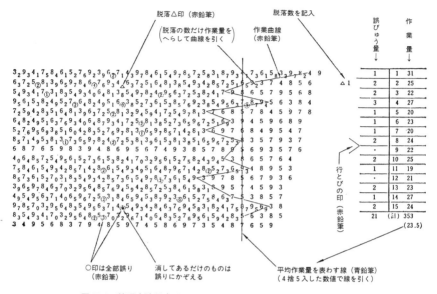

図 7-8　整理方法見本（出典：岡堂哲雄編1993『心理検査学』垣内出版）

2.　心理検査の実施上の注意点

　心理検査を学校で行う場合，集団で行う場合は，結果の管理やフィードバック（結果を生徒に知らせること）の方法に注意する必要があります．個別に行う必要がある生徒に関しては，スクールカウンセラーに依頼するのもよいでしょう（第11章参照）．教師が行う場合は，勉強の評価（教育評価）とは異なる目的のテストであることを理解し，本人の適応に役立てるように使用することに留意します．具体的には，テストの結果は，生徒指導の方針を検討するために利用し，教師が生徒に対する偏見をもつようなあやまった使用法は慎むべきです．そのためにも，心理検査を使用する時には，心理検査の特徴や使用法をよく理解して実施しましょう．日本ではこれまで教師が多様な役割を果たしてきたために，教育心理学の知識に心理検査法が入っていますが，アメリカでは学校心理士や臨床心理士といった専門職が生徒への心理検査を行っているようであり，専門的な知識が必要なことに留意しましょう．

❖❖❖❖❖❖❖ **第5節　生徒の知的能力（知能）の理解** ❖❖❖❖❖❖❖

この節では，生徒の理解に従来使われてきた**知能検査**を中心に説明します．

1．知能検査の概要

　はじめての知能検査を作ったのはフランスの**ビネー**（Binet, A.）です．知能に関する概念的研究は，スピアマンが1904年に知能構造論を発表し，知能を一般因子と特殊因子に分けましたが，実際の知能検査は作成しませんでした．サーストンは人間の知能を「因子分析という統計的方法」で解明できると考えました．その後研究が発展し，現在はビネーの方式に基づく知能検査のほかに，1940年代に発展した**ウェクスラー**（Wechsler, D.）が開発した方式の知能検査や，発達障害を調べる検査など，さまざまな種類が日本でも用いられるようになっています（表7−3）．知能検査は現在では「知能とよばれる精神機能について，その個人特徴を客観的に検査し表示することを目的として考案されたしくみである」（心理臨床大辞典　1992，培風館）と定義されています．

　知能検査は，実施の仕方によって「**集団式**」と「**個別式**」に分けられます．個別式では，リラックスして子どもが検査に取り組むことができ，集団式では出せない力を発揮できることもあります．また，個別式では細かい部分まで実施者が観察することが可能です．集団式は短時間で多くの子どもの特徴を把握できる利点があります．

2．知能検査の種類
（1）　一般的なもの

　個別式知能検査には，代表的なものとして**田中ビネー式知能検査**があります．他にウェクスラー式知能検査として，児童用（**WISC-Ⅳ**），成人用（**WAIS-Ⅳ**）就学前児童用（**WPPSI-Ⅲ**）があります．

（2）　発達障害などの発達水準の測定のためのもの

　主に発達障害の測定のために，「**日本版 KABC-Ⅱ**」「**イリノイ式言語学習能力診断検査**」「**PARS-TR**」「**ADOS-2**」「**DISCO**」「**Vineland-Ⅱ**」などがあります．

表 7-3 知能検査の種類

一般的な知能検査	田中ビネー式知能検査	児童用 (WISC-Ⅳ)	成人用 (WAIS-Ⅳ)
	就学前児童用 (WPPSI-Ⅲ)		
発達障害などの測定のもの	KABC-Ⅱ 心理教育アセスメント・バッテリー	PARS-TR	ADOS-2
	イリノイ式言語学習能力診断検査	DISCO	Vineland-Ⅱ
一般的な発達測定	遠城寺式乳幼児分析的発達検査法	津守式乳幼児精神発達診断法	新版 K 式発達検査
障害児のための知能検査	ヘイス・ビネー法知能検査	コース立方体組み合わせテスト	教研式 PBT 知能検査
	盲児のための大脇式盲人用知能検査		

「日本版 KABC-Ⅱ」は **カウフマン** (A. S. Kaufman, & N. L. Kaufman) らが開発した検査で, 子どもの認知処理の様式を明らかにする「認知尺度」と言葉や数に関しての評価を行う「習得尺度」および全体を総合した「CHC 尺度」によって構成されています.「PARS-TR」は自閉スペクトラム症 (ASD) の発達・行動症状について親に対して面接を行い 57 項目に回答してもらう検査です.「ADOS-2」は月齢 12 か月以上が対象で, 検査用具や質問項目を用いて, 自閉スペクトラム症 (ADS) の評価に関する行動を観察する検査です.

　「DISCO」は言語発達, 運動発達を含む発達全般についての設問と, 発達障害や精神障害でみられる非定型的行動に関する設問が合計約 300 項目あり, DSM-5 や Wing and Gould (1979) にそった診断をすることが可能な検査です.「Vineland-Ⅱ」は適応行動の発達水準を幅広くとらえ, 支援計画作成に役立つ検査であり, 適用範囲が広く (0 歳〜92 歳), 対象者の様子をよく知っている回答者に対して半構造化面接を行います. これらの検査は専門的な知識が必要なため, 公認心理師等に依頼するか, 小児科, 小児精神科等を受診し医師等から詳しく説明を受けたほうがよいでしょう.

（3）　一般的な発達の測定のためのもの

発達を測定する検査には「遠城寺式乳幼児分析的発達検査法」「津守・稲毛式乳幼児精神発達診断法」「新版 K 式発達検査」などがあります．子どもの心理発達は全員が同じように進むわけではないので，これらの検査を用いて同年代の子どもとどの程度違いがあるか，あるいは進んでいるのかを調べます．必要があれば，さらに個別に詳しく測定する検査を行います．

（4）　障害児のための知能検査

ヘイス・ビネー法知能検査，コース立方体組み合わせテスト，教研式 PBT 知能検査，盲児のための大脇式盲人用知能検査などがあります．

3.　知能指数の考え方

知能指数 は実際の年齢である暦年齢（CA）の異なる人同士で知的機能を比較する指標であり，次のように算出できます．

知能指数（IQ）＝精神年齢（Mental　Age；MA）/暦年齢（Chronological　Age；CA）×100

自分の暦年齢（実際の年齢）と等しい精神年齢を示した人の知能指数は 100 となります．

精神年齢は，ビネー式知能検査では，受ける人の年齢に相当する問題にどの程度答えられたかをもとに算出されます．なお，ウェクスラー式では算出方法が異なります（「知能偏差値」統計的には各年齢段階における平均と標準偏差を知り平均50，標準偏差 10 の基準分布に換算することにより同年齢集団の相対位置を示すのが偏差値です．「偏差知能指数（Deviation IQ）」ウェクスラーは平均 100，標準偏差 15 で換算した数値で知能指数を示しました．ビネー式の算出と異なります．偏差知能指数といいます）．

知能には遺伝や環境（家庭，居住環境，塾等の学業の状態）などさまざまなものが影響することが知られています．また，生涯を通して，知能指数は変化することが知られています．知能の発達の研究では，1955 年にアメリカのバーレイ（Bayley）によって行なわれたものによると，知能は段階的に 20 歳まで発達することがわかりました．教育の機会が比較的均等であれば，知能の発達は見込めるということです．ヘッブ（Hebb）は知能は外側に現れた現在の水準を指す

ので，本人の経験によってその水準は変化するとしています．日本における**狩野**（1960）の研究では，知能の変化は，人によって，時間によっても上昇・下降の様子や年間変動がさまざまであることがわかりました．以上のことから，IQ はあくまでも目安として利用することが大切です（「偏差知能指数（Deviation IQ）」ウェクスラーは平均 100，標準偏差 15 で換算した数値で知能指数を示しました．ビネ式の算出と異なります．偏差知能指数といいます．）

❖❖❖❖❖❖❖❖❖❖ 第6節 ま と め ❖❖❖❖❖❖❖❖❖❖

　これまで教育現場で用いられてきた知能検査は，その子どもへの理解を深めたり，対象となる個人の利益のために行われてきましたし，今後もそのために用いられるべきです．集団式知能検査については，いっせいにデータを得られる利点がありましたが，現場であやまった利用や過剰な使用がなされていた時期があり，よりよい教育の側面からは今後は個別式の充実が求められます．

（安齊　順子）

＊ 読者のための図書案内 ＊

・杉山憲司・松田英子　2016　パーソナリティ心理学　培風館：伝統的な理論からパーソナリティに関わる他学問まで，幅広くパーソナリティについて述べられています．
・氏原寛・成田善弘　2000　診断と見立て　心理アセスメント　培風館：さまざまな心理検査の詳細な紹介が述べられており，実施の注意点が理解できます．

＊ 引 用 文 献 ＊

安藤公平（1977）．知能心理学研究　福村出版
藤岡淳子（2004）．包括システムによるロールシャッハ臨床　誠信書房
藤田主一・藤本恭久（編著）（2008）．教職を目指す人のための教育心理学　福村出版
星野　命・青木孝悦・宮本美沙子・青木邦子・野村　昭（1982）．オールポート　パーソナリティの心理学　有斐閣新書，p. 46
伊藤隆二（1983）．知能の臨床心理学　川島書店

松原達哉編（2002）．心理テスト法入門　日本文化科学社

小川俊重・松本真理子（2005）．子どものロールシャッハ法　金子書房

岡堂哲雄編（1993）．心理検査学　垣内出版

大山正監修（2007）．あたりまえの心理学　文化書房博文社

鈴木睦夫（1997）．TAT の世界　誠信書房

内田勇三郎・大迫政秀（1984）．クレペリン検査とその利用法　鹿児島県教育応用研究会

学校における
カウンセリング

・・・・・・・・・・・・

　学校とは，社会で生活するための学問・知識・技能および態度や心構えなどを学ぶことを目的に，教師が児童生徒を対象に教育活動を展開する場です．すなわち学校では，教え育むといった教育活動が日常的に行われているわけですが，教育効果の向上，さらには互いの信頼感の確立のためにも教師と児童生徒間のリレーションは欠かせません．リレーションを前提にさまざまなネットワークが形成されます．

　リレーションとは，感情交流と役割のある人間関係のことです．すなわち一方的でなく相互交流的な教育活動を行うことで，より人間的で心通った教育活動を目指します．ただ実際には，児童生徒の感情と教師の論理のように，すれちがうことが度々あります．

　現代社会ではカウンセリングの重要性が指摘されていますが，その背景には社会の個人主義化傾向や情報機器の進歩があります．一方カウンセリングでは，リレーションを前提に様々な援助が行われます．例としては，和気あいあいとしながらもお互いの立場を尊重し，発達課題に取り組む教師と児童生徒のつながりがあります．ちなみに國分 (1980) のカウンセリングの定義は「カウンセリングとは，言語的および非言語的コミュニケーションを通して，相手の行動の変容を援助する人間関係である」です．加えて，つながりと多様性の尊重です．つながりを安易に切るような組織や個人，自治体等はカウンセリングマインドに乏しいといえます．

　また児童生徒の模倣の対象である教師（モデルとしての教師）が，感情交流を前提とした相互交流を目指すことによって，児童生徒はより優れた人間関係形成能力を学習します．逆に，力やきまりに固執し続ければ，感情交流をともなわない偏った態度を学習します．すなわち学校教育のなかに，カウンセリングの原理や理論・技法を導入するということは，それは効率性や問題解決という

点のみならず，児童生徒の人間関係形成能力を培うことにもつながるわけです．

第1節　学校でのカウンセリング活動 ◆◇◆◇◆◇◆

次に学校で行われるカウンセリング活動を，個人を対象とした個別カウンセリング，グループを対象としたグループアプローチ，そして児童生徒や保護者など学校に関係する多数の人々を対象としたサイコエデュケーションの3点から解説します．

1．　個別カウンセリング

個別カウンセリング とは，いわゆる個人を対象としたカウンセリング活動のことです．対象は児童生徒，教職員，保護者など様々です．そのなかでも，教職員や保護者など，異なる立場の専門家に対してカウンセラーが援助していくことを，コンサルテーションといいます．

コンサルテーションは，地域社会への介入方法の一つでもあり，情報や知識の提供に重きをおきます．オンラインでも可能です．ただし感情交流にはくれぐれも気を配って下さい．知的・理性的になり過ぎないことです．

2．　グループアプローチ

グループアプローチ とは，集団を対象とした各種アプローチの総称です．具体的には，構成的グループエンカウンターやグループワークがあります．ちなみにグループワークとは，実際のグループ活動（例：レクリエーション，ボランティア活動，感受性訓練）を，何のため（目的）に，どのような手順で行うかということを，話しあいの段階から開始し，実際に指導者のもと展開するというものです．教育の目的や目標に応じて，その内容を選択できるのが特徴で，オンラインも活用できます．

3. サイコエデュケーション

サイコエデュケーションとは，本来自身がカウンセリングを受けるべき立場の人たちが，心理学やカウンセリングの技法や態度を学習することです．大学での「教育相談」や「教育心理学」,「キャリアカウンセリング」などの講義が相当します．また教師やスクールカウンセラーが，「学級通信」や「スクールカウンセラー便り」の題目で，広く保護者や児童生徒に心理学や脳科学の知見を掲載したプリントを配布する活動なども相当します．教師やスクールカウンセラーが，日々取り組める教育活動の一つであり，教育現場の実状に応じて内容を選択できます．広く周りの声を取り入れてみて下さい．

❖❖❖❖ 第2節　学校で使えるカウンセリングの技法 ❖❖❖❖

1. 非言語的技法

学校で教師やスクールカウンセラーが用いることのできる非言語的技法について，(1) 視線，(2) 表情，(3) ジェスチャー，(4) 声の調子，(5) 身体接触，(6) その他の視点より解説します．

（1）視　　線

相手の話を聴く時の，視線の合わせ方について述べた技法です．凝視する必要はありませんが，8割程は相手の目や表情を見てください．困りごとの相談の時など，やさしい視線で「君の話，聴いてるよ」という思いが伝わるようなポジティブな視線を心がけましょう．関心の有無が伝わります．

また相手の視線にも気を配りましょう．ふせがちであるか，また視線が定まらないかなど，視線は相手の心の状態を表しています．教育現場では，児童生徒の視線に合わせての会話を心がけてください．

（2）表　　情

人は知らず知らずのうちに，表情で相手にメッセージを伝えています．たとえば，眉間にしわを寄せた表情やしかめっ面では，怖くてなんとなく話しづらいという印象を与えかねません．相手が安心して話ができるよう，リラックスした柔らかな笑顔を心がけましょう．普段から，自身の癖に気づくと同時に，

話の内容に沿って様々な表情ができることが理想です．

（3）　ジェスチャー

さらにその時の体の動きもまた，その人の心の様子を語っています．カウンセラーの望ましいパーソナリティとして楽観的なパーソナリティがあげられますが，児童生徒にいらぬ緊張感を与えぬよう，またジェスチャーを通して，相手とのあいだに信頼関係が形成されるよう心がけます．

具体的には，椅子に座っている場合，少し身を乗り出してうなずきながら傾聴してください．首は少しかしげるくらいがいいでしょう．腕組みはせず，相手が心地よく過ごせるパーソナルスペースを保ってください．

（4）　声 の 調 子

声の高さやスピードも，相手に様々な印象を与えます．また，話の内容（楽しい話か，悲しい話かなど）に沿っての声の出し方も大切です．相手があなたの話を聞いて安心できるような，ゆっくりとした声を心がけましょう．

また声は，話の内容を伝えるためだけのものではありません．早口になっていないか，大声になっていないかなど，普段から自身の声の調子には気を配ってください．焦りや不安，怒り等のネガティブな感情に支配されている場合，早口，大声，逆に無口になったりします．カウンセリング活動は，場合によっては毒にもなることを忘れないでください（平宮, 2008）．ネガティブ感情の感染ですね．

（5）　身 体 接 触

他者とのかかわりの原点は，母親とのスキンシップです．いうなれば握手をする・肩に手を置くなどのスキンシップは，相手との密接な人間関係を必要とするものです．児童生徒がそれを感じている時には，安心感や安堵感が培われていきます．リレーション形成にも有効です．ただ逆に，トラブルになることも考えられますので，負担にならない程度に調節していきましょう．

（6）　そ の 他

その他，席のとり方，言葉づかい，服装・身だしなみ，時間，あいさつなどへの配慮も大切です．

席のとり方については，できるだけ相手に抵抗が生じないような席のとり方

を心がけましょう．言葉づかいについては，方言やなまりにまで気を配っていきましょう．また身だしなみはどうか，約束の時間を守っているか，思いのこもったあいさつができているかなどは，相手への敬意につながります．なおファッションも芸術です．身に付けるものによって人の心は左右されます．常に相手への配慮を忘れることなく，真心をこめて接していきましょう．

2．言語的技法

さらに学校で，教師やスクールカウンセラーが用いることのできる言語的技法について，(1) 受容，(2) 繰り返し，(3) 質問，(4) 支持，(5) 明確化より，國分 (1979) などを参考に解説します．

(1) 受　　容

相手の話の内容を，評価や判断を交えず親身になって聴こうとする態度のことです．相手の人間性を含め，会話の内容すべてを受け入れようとする態度ともいえます．ただ機械的に「うん，うん」とうなずいていることではありません．相手の話を親身になって聴こうとする態度が伝わると同時に，一時的に自身の価値観を捨て（罪を憎んで人を憎まず）相手の価値観で話を聴くことが大切です．具体的には「高校生の金髪は良くない」「教師に対する暴言は良くない」など，教師にありがちな価値観にとらわれず，児童生徒の価値観に沿って傾聴することが大切です．

それではなぜ，相手の価値観を受け入れる必要があるのでしょうか．それは社会全般の価値観というものは，時代とともに移り変わるものでもあるからです．特に男尊女卑のような，過去の時代の価値観には注意が必要です．

なお受容の内容としては，事実の受容，感情の受容，価値観の受容などがあります．感情の受容の例としては，いじめられた児童生徒の感情や孤立した児童生徒の感情などがあります．そのような観点から考察するならば，受容の背後にある教師自身の感情体験は無視できません．「若い時の苦労は買ってでもせよ」という言葉がありますが，教師の苦労体験は，自身のためというよりむしろ児童生徒のためと考えることもできます．

（2）繰り返し

　1語や2語を返答する瞬間的な繰り返しと，話の本質を正確にとらえ要約として返答する繰り返しがありますが，繰り返しはただ単に言葉を繰り返す技法ではありません．繰り返しは，話を聴いているということを相手に伝えると同時に，自己理解のきっかけにもなります．今何が問題であるか，目指すべき目標が明らかになると同時に，お互いの信頼関係が構築されていきます．

　繰り返しは，心を繰り返す技法です．相手の人間性をお返しするための技法ともいえます．精神分析の洞察に相当する技法でもあり，使用にあたっては観察力，洞察力，感受性，分析力，知力など，状況を把握するための能力が求められます．

（3）質　　問

　質問には，閉ざされた質問と開かれた質問があります．閉ざされた質問とは，2～3語の言葉や「はい」「いいえ」で答えることのできる質問で，面接の初期によく使用されます．それに対して開かれた質問は，「どうして，そのように思われたんですか」や「もしよろしければ，○○に関して話していただけませんか」など，数語で答えられない質問のことをいいます．情報の収集量という点からも，相手のことをよりよく理解できる質問です．

　いずれの質問も，教師やスクールカウンセラーが相手に関心を示していることを伝えると同時に，問題の把握，目標の達成に導くというはたらきを果たします．なお使用に際しては，相手のためになる質問かどうか，常に気を配り選択していかなければなりません．それは質問の仕方次第で，話題が目標からずれたりすることもあるからです．

（4）支　　持

　相手の言動に対して，肯定や承認を与えることです．ポジティブな自己イメージの構築，さらには自己実現を目指しての行動変容をねらいとしています．支持は言語レベルにとどまるものではありません．面談中の態度など，非言語レベルでの支持もあります．広い意味において，握手や肩をたたくなどのスキンシップやユーモア，ウイットも支持の一つです．それは幼少期の母子間のスキンシップが，リレーション形成の原点と考えられるからです．また楽しさや

驚きの感情は大切です．旅同様，マンネリの予防にもつながります．

　なお支持するといっても，なんでも支持すればよいというものではありません．それではどのような言動に対し支持を与えればよいのか，その根拠の一つが，理論に支えられていることです．具体的な理論としては，精神分析や行動主義，ゲシュタルト療法，交流分析，ポジティブ心理学，アドラー心理学，認知行動療法，脳科学などがあげられます．さらに自身の過去の体験や，身近で起きた類似の事例なども参考になります．

　ところで，劣等感情の強い人にとって支持は難しい技法と考えられます．それは，他者を引き下げようとする心理が働きやすく，他者をほめたり賞讃したりすることが苦手と思われるからです．そのような観点からも，教師やスクールカウンセラーには，スーパービジョンや構成的グループエンカウンターを通して，常日頃から自己理解を深めると同時に，ネガティブな感情に染まらぬよう意識することが求められます．

（5）明　確　化

　相手が漠然としか意識していない思いを，言葉を通して意識化していくことです．精神分析の解釈ほどには，深層部分にふれることはなく，感受性に基づく技法です．たとえば「先生はなんでいつも，元気なんですか？」という生徒に対して，「何か元気になれないようなことでもあるの？」などの返答が明確化です．ゲシュタルト療法の「図と地」に相当します．

　明確化は，会話を通して相手の意識を拡大する技法でもあり，はっきりとした答えがあるわけではありません．それゆえ誤用した場合には，相手に抵抗が生じたり，面接が混乱することもあります．そのような場合，自身の仮説にこだわることなく，児童生徒を受け入れるよう努めることが大切です．

3.　技法の統合モデル（コーヒーカップ方式）

　ここでは非言語的技法と言語的技法をふまえ，技法の統合モデルの一つである **コーヒーカップ方式** についてお話します．コーヒーカップ方式では，面接場面を初期・中期・後期の3段階に分類しています（図8−1）．

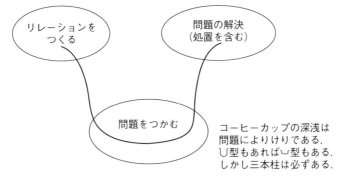

コーヒーカップの深浅は
問題によりけりである.
∪型もあれば⌣型もある.
しかし三本柱は必ずある.

図 8-1　コーヒーカップ方式の三本柱

(國分康孝, 1996『カウンセリング原理』をもとに作成)

（1）面接初期

　前期は，主としてリレーション形成（感情交流）に重きをおいた時期です．議論や他者非難などをできるだけ避け，無構えのゆったりとした姿勢で自信に満ちた大人の態度を示して下さい．

　なお共感性については，教師やスクールカウンセラー自身に類似体験があると，より相手の感情に沿うことができます．具体的には，いじめや不登校，あるいは孤立した経験のある人は，そのような立場にある児童生徒の気持ちに実直に応えることができます．そのような視点からも，教師やスクールカウンセラーの苦労体験は，決して無駄になるものではありません．人生に無駄なものはないということです．

（2）面接中期

　次に中期は，問題の本質をつかまえる段階です．非言語的技法，言語的技法を活用しながら何が問題なのか柔軟に追求していきます．その時，教師やスクールカウンセラーは，依存の対象にならなければなりません．すなわち依存の対象とみなすからこそ，自身のつらい思いやキャリアを話すのであり，そのような観点からも，援助者には凛とした態度が求められます．ちなみに大人も依存心が受け入れられると，独力で世界を探求し始めます（ボニウェル，2015）．

　なお中期の注意すべき点として，とくに感情転移と対抗感情転移（逆転移）

をあげておきます．感情転移とは幼少期に親などに向けていた感情を，教師やスクールカウンセラーに向けることです．陽性と陰性があり，その両方が存在するものをアンビバレンスといいます．愛と憎しみ，信頼と不信などです．アンビバレンスの例としては，親のことが嫌いと言っているからといって，その裏側にある愛情をふまえないようなケースが相当します．すなわち，教師やスクールカウンセラーが，児童生徒のある一面のみに固着し続けるようなケースです．言葉の裏側にある感情や思考，事実に配慮することが大切です．

　また対抗感情転移（逆転移）とは，児童生徒からの感情転移に対して，教師やスクールカウンセラーが抱く感情のことをいいます．いわゆる児童生徒の抱く感情に，巻き込まれた状態です．具体的には，児童生徒の陽性の転移に対してのぼせてしまうケースや，逆に児童生徒の陰性の転移に対して怒りを爆発させてしまうケースなどが考えられます．いずれの場合も，教育にたずさわるというよりもむしろ，自身を守るために働くものです．そのような観点からも，やさしさのなかにも冷静な洞察力や知性が求められます．

（3）面接後期

　最後に後期ですが，問題を解決する段階です．前期・中期を通しての面接の流れのなかで，教師やスクールカウンセラーとして何ができるかを考えていきます．具体的には，リファー，ケースワーク，スーパービジョン，コンサルテーション，具申，狭義のカウンセリングの6つが考えられます．

　リファーとは，ほかに依頼することです．精神疾患なら精神科医，法律関係なら弁護士になど．自分と利害関係にあったり，時間にゆとりがない場合にもリファーします．次にケースワークとは，環境への働きかけのことです．生活領域に重点をおきます．旅行や転校，転居，清掃，整理整頓などの対応も含まれます．特に都会暮らしの方には，定期的な山野への旅行がお薦めです．さらにスーパービジョンとは，同じ役割同志でスキルを教えてあげることです．具体的には，カウンセラー間や教師間でのスーパービジョンがあります．

　次にコンサルテーションですが，ある専門家が異なる職種の専門家に行う情報提供やアドバイスのことをいいます．具体的には，スクールカウンセラーから教師，あるいは教師から保護者へのコンサルテーションがあります．さらに

具申とは，所属の長への進言のことをいいます．いわゆるマネージメントに関するコンサルティング・サービスのことです．最後に狭義のカウンセリングですが，原因が単純に個人の情緒的問題にあると考えられる場合の対応のことで，問題を抱えた健常者が対象となります．傾聴能力が求められます．

　以上，それぞれの処置の流れをふまえながら終焉を考え迎えていきます．なお終結の手がかりとしては，自己受容・自己肯定感の向上・他者受容・症状緩和・ねばならぬ（強迫観念）からの解放・未来志向・客観的態度の定着・広い知識や視野の獲得・行動範囲の拡がり・笑顔の増加・アサーティブ・ストレスの軽減などがあげられます．

❖❖❖❖❖ 第3節　学校で使えるカウンセリング ❖❖❖❖❖

1．行動カウンセリング

　行動療法は治療的色彩が強いのに対して，行動カウンセリングは教育的色彩が色濃く出ます．行動カウンセリングの主要理論として，古典的条件づけ，オペラント条件づけ，モデリングがありますが，ここではそのなかのモデリングについてお話します．

　モデリングとは，他者の行動を観察することで新しい行動を習得することをいいます．観察学習とも呼ばれており，バンデューラ（Bandura, A.）によって提唱されました．脳科学の領域では，ミラーニューロンのことです．

　例としては，新人教師がベテラン教師の授業スタイルを観察して授業スタイルを形成していくことや，教師のポジティブな発想や姿勢が生徒自身の前向きな姿勢に影響を与えること，あるいはテレビの視聴が子供たちに影響することなど，様々です．そのほか，モデルの行動に対して強化操作を行うことを「代理強化」といいます．たとえば，騒がしい生徒を教師がきつく叱ったりすると，その他の騒がしい生徒も静かになることなどが一例です．

　親や教師は子どもたちにとって模倣の対象であることを，常に意識することが大切ですね．

2. 来談者中心カウンセリング

ロジャーズ（Rogers, C. R.）によって提唱されたカウンセリングの立場です．人間にはよくなる力が内在しているとするヒューマニスティックな人間観に立っており，リレーション形成の重要性を指摘しています．日本でも，幅広く用いられています．普及の理由としては，来談者中心カウンセリングを支える自己理論が単純化されており学習しやすかったこと，また患者ではなく客（クライエント）としてみる横の人間関係を重視したことなどが考えられます．

現象学的性格論（受け取り方の世界が性格を形成する）に立つため，いじめなど学校のすべての問題に対応できるとは考えられませんが，ポジティブな感情交流（ラポールといいます）の重要性を指摘した点は見逃せません．児童生徒の防衛を緩和し，教師に対し信頼感をいだく．一方，教師も共感や受容的態度をもって児童生徒を受け入れていく．そんな母子一体感につながるような，心とこころのふれあいを目指す立場といえます．

3. ソーシャルスキル・トレーニング

対人関係技法（ソーシャルスキル）の訓練のことです．具体的には，あいさつの仕方，お礼の返答，お願いの仕方，要請の断り方，アンガーマネジメントなど様々なソーシャルスキルがあります．学校現場では，ソーシャルスキルが身についていないばかりに，孤立してしまったり，級友に不快な思いを与えてしまったりするケースが数多く見受けられます．それを性格のせいにしてしまうと「性格だから仕方がない」のようなネガティブな感情に陥り，ますます負の先入観を強めてしまうことになりかねません．

ソーシャルスキルの立場では，行動の定着を認知と行動の視点より考えていきます．そのため，具体的な行動の教示，モデルの提示，さらにはロールプレイなどを通しての行動の定着を目指します．また，その時々のポジティブなフィードバックやホームワークも惜しみません．ある意味，教師向きです．

核家族化が進み，モデルとなる大人と接する機会が減少してきている現代，ソーシャルスキル・トレーニングの学校現場への導入が，今後ますます進むものと考えられます．

4. 構成的グループエンカウンター

構成的グループエンカウンターとは，ふれあいと自他発見を目標とした集中的グループ体験のことです．具体的には，インストラクション，エクササイズ，介入，シェアリングより構成されています．

インストラクションとは，これから行うエクササイズの内容やねらい，ルールを説明することです．特にルールは大切です．教師が実際にデモンストレーションをしてみせると，子供たちはより抵抗なくエクササイズに参加できます．

エクササイズとは，自己理解・他者理解，自己受容・他者受容，キャリア形成などをねらいとしての集団体験のことです．学校や児童生徒の実態に合わせて，得意とするエクササイズを実践すればよいと思います．私自身，発達段階，リレーション形成，キャリア教育を意識して「目を見て握手」「バースデイライン」「質問じゃんけん」「じゃんけん列車」「ネームゲーム」「10年後の私」「詩作活用エクササイズ」「新ファンタジー・好きなところ」などのエクササイズを実践しています．

次に介入とは，リーダーによる応急処置・割り込み指導のことです．構成的グループエンカウンターでは，介入をためらいません．つまり受け身ではなく，必要ならばいつでも介入するだけの心づもりがリーダーには求められます．ある意味，教師向きです．

最後にシェアリングですが，エクササイズにおけるわかちあいやふり返りのことをいいます．シェアリングの目的は，参加メンバーの認知の修正拡大にあります．すなわち，せっかくの体験が流れてしまわぬよう，各メンバーの心と身体に定着させるはたらきがシェアリングにはあります．

なお構成的グループエンカウンターでは，自己開示や自己表現を伴うため，実施後の様子にまで注意が必要です．

5. 読　　書

近年，朝の読書が多くの学校で実践されています．読書の教育現場での活用の仕方には様々なものがありますが，臨床の視点よりとらえた読書の活用法に読書療法(bibliotherapy)や読書カウンセリング，詩歌療法があります．ちなみに読

書療法の目的は，精神医学における目的というよりもむしろ教育・カウンセリングの目的設定に近いように思われます．コンサルテーション場面でも有用です．

　読書の教育現場での活用法について，カウンセリング心理学やポジティブ心理学，脳科学の視点より考察することにより，今後ますます，その活用の度合いが増すものと予想されます．社会を俯瞰するためにも読書は有用です．

第4節　おわりに

　おわりに，教師やスクールカウンセラーが，学校現場でカウンセリングを生かしていく場合の留意点についてお話します．

　留意点の一つ目として，まずは心のゆとり（特に楽観性）と自信に満ちた態度，リラックスをあげたいと思います．カウンセリング場面では，二者の一体感を味わうことが大切ですが，心にゆとりがないと相手を受容しきれないように思われます．すなわち「あなたはあなた，私は私」という分離した感じです．また，心にゆとりがあるからこそ，強みに気づき，ユーモアやウイットをもって対応することができます．模倣の対象としての観点からも，リラックスや自信に満ちた態度は大切です．

　留意点の二つ目として，発達段階をふまえながら，時にはもどる勇気をもつことの大切さをあげたいと思います．すなわち，常に進めではなく時には止まったり，あるいは後戻りすることも人間の成長には必要です．これは，当たり前のことかもしれません．われわれ大人でも，時には飲酒やおしゃべりを満喫します．これも一種の後戻り（退行）です．ただ，子供たちは大人と同じようなことはできません．身近で後戻りすることができるとすれば，それは母親の肌の温もりや父親の毅然さ，冷静さ，現実性（社会性）への接近です．そうした観点からも，普段からの家庭への支援は欠かせません．

　留意点の三つ目として，やさしさや愛（非性的）する気持ちをもつことの大切さをあげたいと思います．これは教育や福祉など，献身的な職務に就く人々に共通することかもしれませんが，カウンセリングも同様です．すなわち学校でのカウンセリング活動は，つながりを重視しつつ行われるものであり，利己

の精神から行うものではありません．また子どもは大人と比べ自信に乏しく感情的です．どうすれば相手が幸福になれるか，常に考えながら接していくことが大切です．

　四つ目として，治そう変えようとする前に，相手のことを理解しようとすること（特に強み）の大切さについて述べておきます．すなわち人は，恣意的に変えようとしても抵抗を起こしやすく，なかなか変わらないということです．特にネガティブな態度や感情，未完の行為，トラウマ（心的外傷）などはなかなか修正できません．変えようとする前に，なんでそうなってしまったか，理解に努めることこそが問題解決の第一歩といえます．

　最後にカウンセリングには，アートの面があるということを強調しておきます．ちなみに，國分（1979）は「カウンセリング・イズ・アート」と述べています．すなわちカウンセリングには，頭で考えるサイエンスという面だけでなく，感情を表明するアートという面があるということです．先に述べたファッションや著者が心を寄せる合唱や詩歌は一例です．

　そんな意味合いからも，教師やスクールカウンセラーがなんらかの芸術や文学作品，スピリチュアルな領域にふれることは，必須なことと考えられます．科学や知識への偏向は，思慮に欠けテンダーネスタブーになりかねません．

　以上，留意点を述べさせていただきました．ただ，実際の教育現場では，学習した通りにいかないことが多々あります．そんな時でも，そんな試練や困難が自身の人間性を育んでくれる（心的外傷後成長）とする不動の信念が大切です．そして，そんな教師やスクールカウンセラーの信じる態度が，子供たちの心に生きる勇気や強い心情を育んでくれます．なぜなら教師やスクールカウンセラーは，子供たちにとっての，日々のかけがえのない人間（person）でありモデルだからです．

（平宮　正志）

＊ 読者のための図書案内 ＊

・マクゴ＝ガル, K.　神崎朗子（訳）　2012　スタンフォードの自分を変える教室　大和書房：意志力の大切さがよく理解できます．
・グラント, A.　楠木健（訳）　2014　GIVE & TAKE「与える人」こそ成功する時代

三笠書房：give and give 与え続けることの大切さがよく理解できます.

・レイティ，J. J.・マニング，R.　野中香方子（訳）　2014　GO WILD 野性の体を取り戻せ！　NHK 出版：運動や自然，睡眠等，さまざまな視点より人生をふり返ることができます.

・木原雅子　2006　10 代の性行動と日本社会―そして WYSH 教育の視点―　ミネルヴァ書房：若者の性行動に関して，データを基に理解することができます.

・生田哲　2007　インフォドラッグ　子どもの脳をあやつる情報　PHP 新書：テレビゲームの危険性を脳科学の視点より理解することができます. テレビゲームにはまった子どもたちを理解するのに有用です.

＊ 引 用 文 献 ＊

ボニウェル，I.　成瀬まゆみ（監訳）（2015）. ポジティブ心理学が 1 冊でわかる本　国書刊行会

福原真知子（監修）（2007）. マイクロカウンセリング技法　風間書房

平宮正志（2005）. 読書療法の目的と実施上の留意点に関する一考察　―poetry therapy を含めて―　読書科学 49-1, 33-39.

平宮正志（2007）. エクササイズ「ファンタジー・好きなところ」の実践研究　日本教育カウンセリング学会第 5 回研究発表大会発表論文集，203-204.

平宮正志（2008）. 教育カウンセリング場面における循環　二松學舍大学論集 51, 47-60.

平宮正志（2012）. 高校生を対象とした詩作活用エクササイズの実践研究―構成的グループ・エンカウンターのエクササイズとして―　日本特別活動学会紀要 20, 71-80.

平宮正志・岩田将英（2013）. 小学生を対象としたエクササイズ「新ファンタジー・好きなところ」の実践研究―構成的グループ・エンカウンターのエクササイズとして　日本特別活動学会紀要 21, 91-100.

平宮正志（2019）. 読書療法と読書カウンセリング―急がば回れの読書教育論『自発的読書のもつ魅力』（自主シンポジウム話題提供者）　林潔・稲垣応顕・平宮正志　カウンセリングと「読書療法」　日本教育カウンセリング学会第 17 回発表論文集，163-166.

ケラー，G.・パパザン，J.　門田美鈴（監訳）（2014）. ワンシング　SB クリエイティブ

國分康孝（1979）. カウンセリングの技法　誠信書房

國分康孝（1980）. カウンセリングの理論　誠信書房

國分康孝（1996）. カウンセリングの原理　誠信書房

國分康孝（1997）. 教師の使えるカウンセリング　金子書房

レイティ，J. J.・マニング，R.　野中香方子（訳）（2014）. GO WILD 野生の体を取り戻

せ！ NHK 出版

セリグマン，M. E. P　宇野カオリ（監訳）（2014）．ポジティブ心理学の挑戦　ディスカヴァー・トゥエンティワン

苫米地英人（2014）．悩みを幸せに変える法則　主婦と生活社

トレーシー，B.・アーデン，R.　和田裕美（監訳）五十嵐哲（訳）（2007）．魅せる力　ダイヤモンド社

植島啓司（2017）．運は実力を超える　角川新書

───── **コラム：子どもと読書** ─────

　本を読むことは子どもに限らず大人にとっても，古くから質の高い知識や情報を得るための方法であると考えられてきました．そして，その読書が質量ともに低下しているという指摘は頻繁になされています．2004 年に行われた文部科学省の読書に関する調査では，子どものおよそ 8 割が読書を好きであると回答しています．また実際の読書行動については，月に 4～6 冊という回答がもっとも多いものの，小学校から高校へと学年が上がるにつれて次第に読書量が減少し，高校 2 年生では 5 割以上の生徒が月に 1 冊以下になっています．

　この現象をどのようにとらえるとよいでしょう．書籍は活字メディアの一種でありテレビやコンピュータと同様に，情報を得るためのメディア（媒体）の一つです．内閣府が 2006 年に行った子どものメディア利用に関する調査では，学年が上がるにつれてコンピュータや携帯メールなど，書籍以外のメディアを通して情報を獲得する傾向が強くなっています．伝えられる情報の速さや容易さ，あるいは双方向コミュニケーションの機会に勝るこれらの新しいメディアが，読書よりも選択されつつあることは事実のようです．また娯楽としての読書よりも，ほかの娯楽が選択されているという事実にも目を向ける必要があるでしょう．

　先ほどの調査では，本を頻繁に読む生徒とマンガを頻繁に読む生徒には相関があり，マンガが読書の低下を引き起こすものではないことを示しています．また，読書の習慣がある家族で育つ子どもや，親による読み聞かせを多く経験している子どもの読書量は高いことも指摘されています．読書を促す影響因として，周囲の読書習慣のモデリングと，直接体験の効果は重要なようです．　　　　　　　　　　　　　　　（荷方　邦夫）

引 用 文 献

内閣府　2006　第 5 回情報化社会と青少年に関する意識調査
http://www.8.cao.go.jp/youth/kenkyu/jouhou 5/gaiyou.pdf

幼児期，児童期，青年期の心理的問題

幼児期の 3 年間，児童期の 6 年間，思春期から青年期の 6 年間は，長いようで，あっという間に過ぎます．友人が増え，遊び，部活，勉強，恋愛などを通して，楽しいことや充実感につながる経験をする一方で，辛いことや苦しいことにも直面します．幼児期では，園での集団生活の始まり，保育者や仲間との人間関係の広がりと共に，子どもの問題が少しずつ現れてきます．家庭環境，親子関係，子育ての悩みといった大人の問題が，子どもに現れている場合と，発達障害，あるいは，その疑いがあるなど，子ども自身の特徴が問題として現れている場合があります．実際には，どちらか特定することは難しく，両方が相互作用している場合も多いといえます．たとえば，子どもの発達障害の特性と夫婦の不仲が相互作用し，子育てを一層難しくしている場合があります．

幼児期から児童期の発達課題の積み残しが，思春期から青年期において，不登校，非行，いじめなどより大きな課題として現れることもあります．保護者は，「我が子が急に変わってしまった」，「ある日，突然，学校に行けなくなった」と驚き，戸惑い，怒り，悲しみなど多様な感情に飲み込まれます．こんな時，教育心理学，発達心理学，学校心理学等を学んだことが，生徒理解，保護者支援に役立ちます．

本章では，幼児期から青年期までの発達上の特徴と発達課題，起こりうる心理的問題について概観すると共に，支援する上で有効な最新の法律についても紹介します．

第 2 部　心理教育的援助と人格・測定

❖❖❖❖❖❖❖❖ 第 1 節　幼児期に見られる心理的問題 ❖❖❖❖❖❖❖❖

乳児とは，誕生から 2 歳未満の赤ちゃんを指します．幼児とは 2 歳から就学前の子どもを指します．ハヴィガースト（Havighurst, R. J.）の発達課題に従え

ば，2歳では短い言葉を話したり，自力歩行が可能となります．3歳では，はしを使って食事したり，一人で排泄することが可能です．4，5歳では仲間と簡単なルールに基づいて集団遊びをしたり，善悪の判断がつくようになります．この時期にもっとも重要な心理的発達課題は愛着の獲得です．行動面での課題は，家族以外の他者とかかわりがもてること，同年代の仲間と集団生活を送ることで社会性を身につけることです．以下，「愛着」と「集団生活」について詳しく紹介します．

1．愛着（Attachment，アタッチメント）

　愛着という概念を考案したのは英国の小児精神科医であるボウルビイ（Bowlby, J.）です．愛着とは，乳児が特定の対象（主として母親）に対して特別の情緒的結びつき（生後半年くらいの赤ちゃんは，母親が視界からいなくなると泣き出す，それまで泣いていたのに母親に抱っこされたら泣きやむといった行動が見られる）をもつことです．つまり，自分では自分の身を守ることができない無力な赤ちゃんにとって，安心感を与えてくれる安全基地としての役割を果たしているのが愛着なのです．愛着という安全基地をしっかりと築いておくことが，将来さまざまな相手と人間関係を築く上での基礎となるのです．また，心理的危機に遭遇した際には，愛着が自我を守る役割を果たしてくれるのです．

　子どもが集まる近所の公園に行き，子どもを観察してみてください．子どもは夢中になって遊んでいますが，ふとした時に周囲を見渡し，「母親の存在をさがす」様子が見られるはずです．「母親がいる」ことを確認すると，安心して遊びに戻っていきます．楽しい場所と同時に危険な場所でもある公園では，母親の存在が子どもにとっての安全基地なのです．

2．集　団　生　活

　文部科学省（2019）によると，就学前の子どもの98.3%が，幼稚園，保育園，認定こども園のいずれかに通園しています（幼稚園は文部科学省が管轄し，保育園は厚生労働省が管轄し，認定こども園は内閣府が管轄しています．本論では，これらの3つを操作的に並列に扱っています）．義務教育ではないのに，ほぼすべての保護者

が子どもを通園させているのです．家庭内保育の場合，母子という対人関係に限定されますので，子どもが体験できることは限られてしまいます．しかし，園では集団生活をしますので，子どもは実に多様な体験をすることができます．こうした体験を通して，子どもの社会化は促進されます．社会化とは，その社会の一人前のメンバーとして行動できるようになる過程のことです（首藤，1991）．具体的には，集団のなかでみなが快適に過ごすためのルールやマナーの学習，他者とうまくつきあっていくために必要なソーシャルスキルの学習です．

（1） ルールやマナーの学習

集団で生活するなかでは，ルールやマナーを守ることが求められます．一人ひとりがあいさつをする，呼ばれたら返事をする，順番を守る，手を洗う，相手を叩かないといったルールを守ることによって，みなが安心して気持ちよく生活することができるのです．こうした基本的なルールやマナーは，幼児期に学習しておくべき課題です．幼児期の後半（年中の後半・年長）になりますと，大人から与えられたルール以外に，自分たちで必要なルールを作るようになります．たとえば，ゲームのルール，昼食の準備，遊具を使う順番などを自分たちで決めて実行します．実行してみた結果，不都合なことや無理なことが出てきた場合には，みなで相談してルールを変更したり，新たなルールを追加する姿もみられます．子どもたちはこうした相互作用を通して，ルールの必要性，ルールを守ることの大切さを学習していきます．一方で，ルールを守らなければ，それが原因となり仲間関係におけるトラブルへとつながります．頻繁にルールを破る子どもが，仲間から排斥されたり，周囲から孤立してしまうこともあります．実際の様子を紹介します．

＜事例1＞

保育園のきりん組（年中）では，最近，ドッジ・ボールが人気です．ドッジ・ボールといっても，ボールを投げるのではなく，地面を転がして相手をねらうのです．ボールに当たったら，白線の外側へ出ます．A君はドッジ・ボールが大好きです．A君は線の内側にいて，ボールをよけるのは大好きなのですが，ボールに当たり，外側へ出て行くことは大嫌いです．その日も，ボールに当たったので

すが，外へ出ようとはしませんでした．仲間から「当たったよ」と言われると，激しく怒り出し，ボールを蹴ってしまいました．また，別の日には，「ボールを転がす」というルールを破り，投げてしまいました．そのボールが当たった子は「いたい」と泣き出してしまいました．こんなことが続くうちに，A君はドッジ・ボールに誘われなくなりました．

（2） ソーシャルスキルの学習

　ソーシャル（Social）とは「人間関係」「対人関係」あるいは「2人以上の人間が集まっている場面」と考えてください．スキル（Skills）とは「技術」，「行動」あるいは「コツ」と考えてください．ソーシャルスキルとは「誰か相手がいる場面で，その人と関係を作ったり，維持したりする上で必要な技術」と考えることができます（藤枝，2007）．したがって，ソーシャルスキルを学習するためには誰か相手が必要です．相手が家族に限定されますと，学ぶことができるソーシャルスキルもまた限られてしまいます．社会のなかで生きていくためには，数多くのソーシャルスキルが必要です．そのためには，集団生活のなかでもまれるしかありません．もまれるとは，喜び，悲しみ，悔しさ，葛藤といったいろいろな場面を経験することや，自分とは異なる個性をもった仲間とつきあうという意味です．

　ソーシャルスキルを身につける最上の術は，何だと思いますか？　それは，良いモデルを見せることです．「親の背を見て子は育つ」ということわざがあるように，子どもは大人の振る舞いを見て，知らず知らずのうちに，真似るのです．したがって，大人が，子どものモデルであるという自覚を持ち，挨拶，礼儀，話を聞く，感謝する，謝るなどのソーシャルスキルを実行してみせることが大切なのです．まず，我々大人が普段の行動を見直し，範を示せるよう，心がけましょう．

❖❖❖❖❖❖❖ 第2節　児童期に見られる心理的問題 ❖❖❖❖❖❖❖

　児童期とは小学校入学から卒業までの6年間を指します．ハヴィーガースト

の発達課題としては，仲間とうまくつきあっていくこと，道徳性の獲得，社会制度に沿った態度を身につける，読み・書き・計算の基本を身につけるなどがあります．つまり，小学校においては，集団生活を通じて社会化の一層の促進と，学習活動を進めることが主たる課題なのです．一方で，心理的問題が顕在化し，学校不適応という形で出現してくるのも児童期からです．学校不適応は対人関係における不適応と学習上の不適応に分類されます．

1. 対人関係における不適応

　ここで話題とするのは不登校，いじめといった深刻な問題です．これらの問題の原因としては，子どものソーシャルスキルの未学習や誤学習が指摘されています（藤枝・新井，2007；小林，2002；佐藤・金山，2001 など）．以前は大家族，兄弟の多さ，地域の強いつながりがあり，空き地で群れて遊ぶ子どもたちがごく当たり前に見られました．こうした社会のなかでは，子どもは兄弟関係のなかでもまれたり，仲間との群れ遊びを通して，ごく自然にソーシャルスキルを学習していました（小林，1999）．現代社会は，核家族化，少子化，個人主義の広がり，地域のつながりの弱体化，３つのない（遊ぶための場所がない，相手がいない，時間がない）と表現されるように，子どもが人と接する機会が少なくなりました．そして，自然にソーシャルスキルを学習する機会は失われました．その結果，対人関係でつまずく子どもが増加し，学校不適応の増加や問題の深刻化につながっています．

（1）不登校

　文部科学省（以下，文科省）が不登校という名称を使用するようになったのは平成 10 年からです．それ以前は，「学校嫌い」「登校拒否」という表現が使われていました．不登校の定義は，「何らかの心理的，情緒的，身体的，あるいは社会的要因・背景により，登校しないあるいはしたくともできない状況にあるために年間 30 日間以上欠席した者のうち，病気や経済的な理由による者を除いたもの」です（文部科学省，1992）．

　文科省は，昭和 41 年より，「小学校及び中学校における不登校の状況等に関する調査」を始め，最新の「令和元年度　児童生徒の問題行動等生徒指導上の

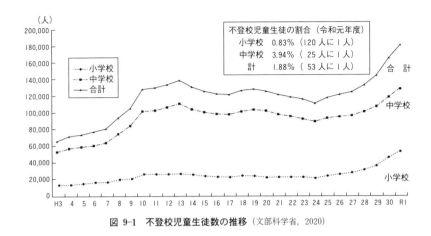

（人）

不登校児童生徒の割合（令和元年度）
小学校　0.83%（120人に１人）
中学校　3.94%（ 25人に１人）
計　　　1.88%（ 53人に１人）

‥‥‥小学校
━■━中学校
━━合計

合　計

中学校

小学校

図 9-1　不登校児童生徒数の推移（文部科学省，2020）

諸問題に関する調査結果（文部科学省，2020）」までの推移は図 9-1 の通りです.

　文科省は，不登校の児童生徒数を減らすために様々な対策を行ってきましたが，その数が一向に減少しないことから，平成 28 年に，新たな法律である「義務教育の段階における普通教育に相当する教育の機会の確保等に関する法律（平成 28 年 12 月 14 日交付，法律第 105 号）（文部科学省，2017）」を施行し，不登校対策を大きく転換しました. その目的と基本理念は以下の通りです.

目的　教育基本法及び児童の権利に関する条約等の趣旨にのっとり，不登校児童生徒に対する教育機会の確保，夜間等において授業を行う学校における就学機会の提供その他の義務教育の段階における普通教育に相当する教育の機会の確保等を総合的に推進

基本理念

1　全児童生徒が豊かな学校生活を送り，安心して教育を受けられるよう，学校における環境の確保

2　不登校児童生徒が行う多様な学習活動の実情を踏まえ，個々の状況に応じた必要な支援

3　不登校児童生徒が安心して教育を受けられるよう，学校における環境の整備

4　義務教育の段階の普通教育に相当する教育を十分に受けていない者の意思

を尊重しつつ，年齢又は国籍等にかかわりなく，能力に応じた教育機会を
確保するとともに，自立的に生きる基礎を培い，豊かな人生を送ることが
できるよう，教育水準を維持向上

5 　国，地方公共団体，民間団体等の密接な連携

　この法律の主な特徴は，不登校の子どもが学校復帰を無理に目指すのではな
く，教育支援センター（旧適応指導教室）や民間のフリー・スクールなど学校外
での学習を認め，重視した点と，不登校の状態を「子どもにとって必要な休
養」と認めた点にあります．なお，内容について，さらに学びたい場合は，
https://www.mext.go.jp/a_menu/shotou/seitoshidou/1380956.htm を閲覧し
てください．

　令和元年度の小・中学校の不登校児童生徒数は 181,272 人であり，学年別の
人数は図 9-2 のようになっています．とくに，小学校 6 年生から中学校 1 年生
に移行する際の不登校児童生徒数に注目すると，2.07 倍と急増しています．
この現象は，「中 1 ギャップ」と呼ばれています．その原因の一つには，小学
校と中学校の学校環境の違いがあると考えられます．たとえば，小学校では，
学級担任が生徒指導と学習活動の両方を担っています．中学校では，学級担任
の他に，教科担任，部活の顧問がおり，それぞれが異なる役割を果たしていま
す．中学校の学習内容は，小学校のそれと比べると，格段に難しくなります．

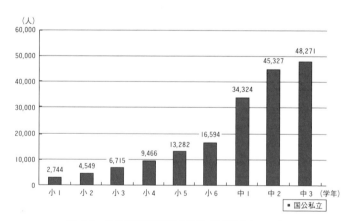

図 9-2　学年別不登校児童生徒数（文部科学省，2020）

定期試験があり，成績の順位がつけられ，集団のなかの自分の学力位置が明確化してきます．部活動でも，レギュラー争い，先輩・後輩の上下関係などさまざまな課題や困難に出会います．また，思春期には，心身の急激な成長や性への関心の目覚めなど，この時期ならではの発達課題にも直面します．このように，一度に，たくさんの課題が押し寄せてくる中学生という時期は，乗り越えるのがもっとも難しい時期といえます．毎日の生活のなかで，がんばっていた生徒が，疲れてしまい，不登校状態になってしまうことは十分考えられます．

　したがって，不登校の予防と対策においては，画一的な指導ではなく，生徒一人ひとりの特性や家庭環境，また，思春期という発達段階の特徴を踏まえた上で，前出の法律に沿って，対応していく必要があります．

（2）いじめ

　教育の現場でいじめが問題として取り上げられるようになったのは，1980年代です．今日までの約40年間の間に，いじめ被害にあった児童・生徒が自死する事件が度々報道されているように，極めて深刻な問題です．文部科学省(2020) による令和元年度児童生徒の問題行動等生徒指導上の諸問題に関する調査によると，国公私立の小・中・高・特別支援学校におけるいじめの認知件数は 612,496 件でした．

　文部科学省によるいじめの定義は，少しずつ変わってきています．従来のいじめの定義では「自分より弱い者に対して一方的に，身体的・心理的攻撃を継続的に加え，相手が深刻な苦痛を感じているもの」とされていました．その後，定義が見直され「子どもが一定の人間関係のある者から，心理的・物理的攻撃を受けたことにより，精神的な苦痛を感じているもの」「いじめか否かの判断は，いじめられた子どもの立場に立って行うよう徹底させる」となりました．2007 年に再度見直され，具体的ないじめの種類については「パソコン・携帯電話での中傷」「悪口」などが追加されました．このようないじめ定義の変遷を見ても，いじめが複雑化していることがわかります．また，いじめ被害者の立場をより重視した定義に変わってきています．

　いじめの被害者は，身体への被害だけでなく，心理的にも傷つけられています．その心の傷は自尊心の低下，他者に対する認知の変化，不登校，自殺とい

った危険性に晒されています（下村，1996）．また，いじめ被害者は，後に加害者になる問題も指摘されています（家庭裁判所調査官研修所，2001）．こうした指摘から，いじめ問題とは，被害者にとって一時的な問題ではなく，将来にわたって負の影響を与え続ける深刻な問題であるといえます．

　以上見てきたように，学校不適応は非常に深刻な問題です．学校現場では，その対応策として，ソーシャルスキル教育，グループ・エンカウンター，ピア・サポート，対人関係ゲームなどの子ども同士の人間関係を育成するためのプログラムが実施されています．

（3）　思いやりに欠ける子どもへのソーシャルスキル教育の紹介

　ここ数年の傾向ですが，小・中学校の先生方から，「他者に対する思いやりに欠ける子どもが多くなった．どうしたら思いやりを身につけるような指導ができるのだろうか」と相談される例が多くなりました．対応策の一つとしてソーシャルスキル教育（Social Skills Education, 以下SSE）があります．以下，先生方に対して実際に行われている「思いやり」を身につけさせるための具体的な指導方法をご紹介します．

〈事例2〉

　「思いやり」は決して目には見えないものです．そのために，「思いやり」を認知と行動の2つに分解して教えます．たとえば，友達が困っている場面で，どのように行動することが「思いやり」なのでしょうか？　相手がいつもと違う様子であることに気づく，「困っている」様子だと理解する（以上，認知），相手のそばに行く，「どうしたの」と声をかける，「手伝おうか」「一緒に○○してあげるよ」など相手の助けとなることを言語を使って伝える，一緒に手伝う（以上，行動）という一連の行動が「思いやり」なのです．SSEでは，これだけではありません．教師が子どもに「思いやり」を演じて見せ，子どもにも演じさせるのです．SSEは5つのステップで行われます．①インストラクション：「思いやり」を学習する意義を伝えます．子どもにとって身近な例をあげながら，「思いやり」がなぜ大切なのかを教示します．②モデリング：教師が子どもに，「思いやり」を演じて見せます．次に，「思いやり」に欠けている場面も演じて見せます．両方の場面を対比して見せることで，「思いやり」の大切さを効果的に伝

えることができます．③リハーサル：子ども同士がペアを作り「困っている」役，「どうしたの」と声をかける役に分かれて，実際にやってみます．学級の仲間同士でやってみると，リアルさが増し，真剣さも増します．④フィードバック：教師は，子どもたちのリハーサルを見て，気がついて良かった点と改善すべき点を具体的に指導します．ただ「良かった」というよりも，「～君の○が良かった」と具体的に指導します．一方，「できていなかった」といわず，「□□を△△にすると，もっと良くなるよ」と改善のポイントを具体的に指導します．⑤般化：SSE で学習したことを，休み時間，放課後，家庭でもくり返してやってみるように指示します．

2．学習上の不適応

　学習でつまずく原因としては，体調不良，心の不安定さ，怠学，非行などが考えられますが，学習障害（Learning Disabilities；以下 LD）という場合もあります．LD は平成 19 年から施行された特別支援教育の対象となっています．文部科学省による LD の定義は，「基本的には全般的な知的発達に遅れはないが，聞く，話す，読む，書く，計算する又は推論する能力のうち特定のものの習得と使用に著しい困難を示すさまざまな状態を示すものである」とされており，「学習障害は，その原因として，中枢神経系になんらかの機能障害があると推定されるが，視覚障害，聴覚障害，知的障害，情緒障害などの障害や，環境的な要因が直接的な原因となるものではない」とされています．

　LD を具体的に理解していただくために，LD と診断された B さん（小学生）の書いた文字や学校での様子，また，担任教師が B さんに対して行った支援や工夫した点を紹介します．

――〈事例3〉――

　B さんは，主に文字に関する学習障害（言語性学習障害）があると診断されていました．B さんの学習に対して取り組む姿勢は，ノートを出さない，書くことを嫌がる，「めんどくさい」と言ってやらないこともありました．B さんの様子を詳しく見てみましょう．

　B さんの書く文字の特徴は以下のようです（図9-3参照）．

・文字が決められている枠に入らない　・ロボットのように角ばった文字になる
・線に沿ってまっすぐに書けない　・漢字の組み立てが認識できない
・漢字は棒が一本少ない，または，一本多い　・鏡文字を書く

Bさんの学習以外で目立った特徴は，以下のようです．まず，**空間・場所を認識することが苦手**でした．たとえば，絵をかく，線をなぞる，文字の始点や終点の位置の認識などに困難が見られました．立体的な認知としてはとくに困難は見られませんでした．

図工は苦手でした．Bさんが気に入って一生懸命取り組んだ単元もありました．自由に絵を描くことは好きでした．何かの絵を書くというよりは，むしろ落書きに近いものでした．生活全般において，**手先の不器用さ**が目立ちました．とくに気になったのは，はさみで線をなぞって円形に切れない，蝶結びができない（なんでも玉結びにしてしまう），給食当番で配膳する時，決められた器にうまくよそうことができずこぼしてしまうことが多かったことです．

自分の周辺に目が行き届かないことがあります．自分の身のまわりのことを理解することが難しいことがありました．たとえば，片づけが苦手，持ち物を紛失することが多い，目の前にあっても見つけられない，すぐ近くに落ちたものを

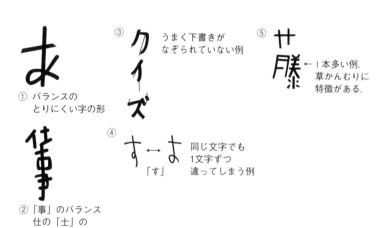

① バランスの
とりにくい字の形

② 「事」のバランス
仕の「士」の
上下の棒の長さの
まちがい

③ うまく下書きが
なぞられていない例

④ 「す」　同じ文字でも
1文字ずつ
違ってしまう例

⑤ ←　l本多い例．
草かんむりに
特徴がある．

図 9-3

さがせないことが多かったのです．板書内容について**「どれ」**を，自分のノートの**「どこ」に書き写す**のか，その場所を認識することが大変難しかったのです．

教師がBさんに行った支援と工夫は以下のようです．

・字を書く時は，「ゆっくり」書くことを言い続けた．

・遠くから声かけをするのではなく，Bさんのそばに行って「ノートを出そう」「出すまでまつよ」と声かけしたり，学習状況を確認した．

・Bさんがノートをとりやすくするための工夫をした．板書とBさんのノートのマス目を同じにして，「何マス目から書きなさい」「何マス空けなさい」と具体的な教示ができる環境作りをした．

・「がんばってもここまでしか……」という時は，「がんばったんだね」とフォローを入れた．

☆教師の優れている点☆

Bさんの個性にあった支援方法を工夫を重ねるなかで見つけてあげたことです．また，この教師はあきらめたり，さじを投げたりは決してしませんでした．試行錯誤を重ね，何度でも，具体的に，冷静に指導し続けたところです．「あきらめずに支援し続けること」は教師が備えているべき資質の一つです．

◇◆◇◆◇◆◇◆ 第3節　青年期に見られる心理的問題 ◇◆◇◆◇◆◇◆

青年期とは，中学生，高校生から成人するあたりまでの時期を指します（4年生大学の卒業までを含む場合もあります）．ハヴィーガーストの青年期における発達課題は，児童期と比べてより深い対人関係を築くことができる，自分の性を受け入れ，社会的役割を獲得する，情緒的に独立する，仕事・結婚・家庭生活に向けた準備をするなどがあげられます．

1．自我の確立へ向けて

青年期のなかでも，とくに問題が発生しやすいのは前半，つまり思春期のころです．思春期は小学校高学年頃から始まり，中学生でピークを迎え，高校生になると徐々に終息していきます．思春期は第二次成長期と言われるように，

心身に大きな変化が現れてきます．児童期の子どもの体から自分の意志にはかかわりなく大人の体へ変化していくことに，戸惑いを感じたり，大人に近づいていることを感じ取ったりします．身体だけでなく，心理的にも不安定となり，親や教師といった大人とのあいだに心理的な距離が生まれてきます．その結果，思春期には，多くの子どもが戸惑いを感じたり，悩みや葛藤を抱きます．その中身は，①身体の変化，②身体の容貌，③能力，④性格，⑤家庭，⑥異性などがあげられます（新井，2004）．

　青年期は，自分が何者であるのかと自問自答したり，自分はどこへ向かっているのかと将来に対して期待と不安を併せ持ちながら，自我を確立していく時期なのです．この作業の過程では，自分の存在価値を見出そうと何かに挑戦したり，自尊心を獲得するために目標に向かって努力したり，努力が実らずに失敗して挫折を経験したり，他人との競争に敗れ屈辱感を味わったりします．青年期は達成感や満足感を味わう一方で，苦しみや葛藤とも戦いながら，時間をかけて自我を確立する時期なのです．この時期には，教師や保護者は子どもの様子を見守ることを基本として，子どもが援助を必要としている時にはそれに応えてあげることが求められます．

2．自分のキャリアをデザインする

　文科省は平成11年から，キャリア教育と言う言葉を使い始めました．その後，学校教育のなかでのキャリア教育のあり方についての検討が重ねられました．現在では，中学校や高等学校で，「職業体験」「外部講師による職業体験談を聞く」などのキャリア教育が行われています．キャリア（career）とは，経歴，生涯，職業といった意味があり，どう生きて行くかという広い視点まで含まれている言葉です．しかし，中・高・大学生が，自分のキャリアを決めることは，簡単ではありません．そこで，中・高・大学生が取り組めるキャリアデザインの方法をご紹介します．

（1）目的の場所に足を運び，その場の空気を肌で感じながら，情報を集める

　図書館など社会の公共施設・会社では，中・高・大学生を対象とした，イン

ターンシップ（数日間の職業体験）を導入しています．参加すれば，その仕事の具体的中身や職場の雰囲気を感じることができます．大学では，高校生を対象とした，学校案内のための，オープンキャンパスが開かれています．筆者は，その場で，高校生から，進学を希望する学部の選択に迷っているという悩みをよく聞きます．迷っているからこそ，大学に足を運び，教員から学部内容や就職の説明を聞くことに価値があります．自ら動く，足を運ぶという行動力が，自分のキャリアを切り開きます．

（2）　一人で深く考える

　スマホでゲームをすること，友だちとワイワイ話すことは，楽しい時間です．しかし，時には，一人になり，自分の将来について考える時間を持ちましょう．自分は何がしたいのか，どのように生きてゆきたいのか，といった難しい問いに対しては，一人で，静かに考える時間が必要です．自分との対話によって答えが見つかるかもしれません．

※第4節　ま　と　め※

　本章では，幼児期から青年期までの心理的課題を紹介しました．それ以外にも，学校現場では，これまでに無かった，新たな問題が起こっています．たとえば，ネット上のいじめです．その実態を把握することは難しく，問題に気づくのが遅れたり，対応が後手に回ることも少なくありません．また，LGBTQに代表される性の多様化と，その対応を巡っても，あらたな課題が発生しています．さらに，2019 年 4 月に，改正出入国管理法が施行され，外国人労働者の受け入れが拡大されました．今後ますます，学校に在籍する子どもの人種の多様化が進みます．既に，学校の相談室では，教室に入りたがらない外国籍の子どもに対して，言語の違いから，十分な聞き取りや対応ができないといった課題が起こっています．我が国の学校教育が，今後どうあるべきか，大きな議論が必要な時期になってきているのです．

（藤枝　静暁）

＊ 読者のための図書案内 ＊

・齋藤　孝　2010　孤独のチカラ　新潮文庫
・吉野源三郎　1982　君たちはどう生きるか　岩波書店：他に，マガジンハウス（コミック版），ポプラ社からも刊行されています．

＊ 引 用 文 献 ＊

新井邦二郎（2004）．発達心理学　松浦宏・新井邦二郎・市川伸一・杉原一昭・堅田明義・田島信元（編）学校心理士と学校心理学　北大路書房

藤枝静暁（2007）．謝罪の技術　関根正明（編）保護者のクレーム対処法　教育開発研究所　31-34.

藤枝静暁・新井邦二郎（2007）．千葉県，神奈川県，東京都の小・中学校教師を対象とした社会的スキル教育のニーズ調査　筑波大学発達臨床心理学研究，**19**，21-33.

家庭裁判所調査官研修所（2001）．重大少年事件の実証的研究　司法協会

小林正幸（1999）．なぜいまソーシャルスキルか　國分康孝（監修）ソーシャルスキル教育で子どもが変わる　小学校　図書文化

小林正幸（2002）．子どもの社会性を育てるソーシャル・スキル・トレーニング 1―なぜソーシャル・スキルなのか―　月刊学校教育相談，**16**(5)，52-57.

文部科学省（1992）．学校不適応対策調査研究協力者会議報告

文部科学省（2017）．義務教育の段階における普通教育に相当する教育の機会の確保等に関する法律（概要）

文部科学省（2019）．幼児教育の現状

文部科学省（2020）．令和元年度　児童生徒の問題行動・不登校等生徒指導上の諸課題に関する調査結果について

佐藤正二・金山元春（2001）．基本的な社会的スキルの習得と問題行動の予防　精神療法第 27 巻第 3 号，22-29.

下村哲夫（1996）．いじめ・不登校　ぎょうせい

首藤敏元（1991）．第 4 章　泣くから悲しいのかな　高野清純（監修）図で読む心理学　福村出版

─── **コラム：ピア・サポート** ───

　ピア（Peer）とは仲間．ピア・サポートとは「仲間同士で支えあう活動」という意味です．思春期，青年期だけに限らず，友達あるいは仲間関係において，相談したりされたりは日常に行われていることを利用して，特別な場所に行く必要がないように支援されることはベストであるとの考えから，いつもそばにいるピア（仲間）の存在を利用してサポート活動をさせようというものです（Cowie, 1996）．

　日本で行われている多くのピア・サポートは，全校生徒に対して個人的な社会的能力向上や有能感の獲得など，教育を目的としたものが目立っていますが，欧米諸国ではサポーター希望者の募集から始まるのが通常のようです．

日本での主なピア・サポート・プログラム

武田敏（1999）	ライフスキルの考えを利用したプログラム
高村寿子（1999）	性教育を中心にしたヘルスプロモーション
滝　充（2002）	自己有用感と発達段階に注目した「お世話活動」
森川澄男（2002）	カナダでの実践を参考にしたプログラム
西村香・田中輝美（2004）	学校現場に合わせたショート・プログラム
中野良顯（2006）	行動分析を利用したプログラム

　ピア・サポート活動の重要な柱となるものは，「スキル・トレーニング」「サポートする実践の場」と「サポーターを支えるフォローアップ」であり，この3本の実践の柱を通してサポーターたちはいろいろなことを学び，成長していくことになり，ひいては学級や学校環境を良くしていくことを目指しています．

　しかし仲間同士によるサポートは時間的な制約もなく，同じ立場である者同士は話しやすく共感しやすい利点があると同時に，非常に負担となる場合も多いものです．トレーニング中では，「サポート」と「レスキュー」の違いを把握させ，「頑張りすぎないこと」，「困った時には相談すること」，「相手の責任はとらないこと」は，常にきちんと伝えておく必要があると考えます．

実践例　中学，高校を対象とした「心の処方箋」プログラム（西村香・田中輝美）

1年「学ぶ」段階：	先輩の活動を見て，知識として「学ぶ」ことを目標
2年「使う」段階：	実践的に学んだスキルを「使用」することを目標
3年「保つ」段階：	学んだスキルを「保つ」と同時に，自分の心を「保ち」，仲間との良い関係を「保つ」ことを目標

（西村　香）

Chapter 10 心理教育的援助サービス

　本章では発達障害児に対する心理教育的援助サービスを中心に取り上げます．毎年の文部科学省による統計では，全体の児童生徒人口が減少する中，特別支援教育の対象となる児童生徒の数は増加し続けています．通常学級も含めて特別支援教育の対象となる障害の中でその割合が最も高いのが発達障害です．発達障害に対する支援については，早期からの療育的支援や学齢期における本人の特性に合わせた学習環境の整備，青年期以降に併存しやすい気分障害や不安障害といった精神疾患の予防や回復，家族支援や教師支援といったように，教育心理学はもちろん，認知心理学，発達心理学，臨床心理学，行動分析学などさまざまな領域の知識が必要とされます．教師やスクールカウンセラーなどの教育関係，児童発達支援にかかわる事業所やセンター，児童相談所などの福祉関係，保健所や病院などの保健医療関係，司法矯正関係などさまざまな機関における心理専門職の専門性と連携の果たす役割が期待されています．

第2部　心理教育的援助と人格・測定

第1節　特別支援教育

　学齢期における発達障害児に対する心理教育的援助サービスとしての発達障害児支援の中心は学齢期における特別支援教育です．発達障害児の学齢期支援についてはケースに応じて教育・心理・医療・福祉・司法矯正などの密接な連携が必要であり，そのためには教育機関以外の心理職も学校教育の中での支援のしくみについて理解しておくことが必要です．

1.　特別な教育的ニーズをもつ子どもの増加

　平成14年，文部科学省の調査研究会によって公立小中学校の通常学級に在籍する児童生徒41,579人を対象とした「通常の学級に在籍する特別な教育的

支援を必要とする児童生徒に関する全国実態調査」がなされました．この調査の内容は，学習面（「聞く」「話す」「読む」「書く」「計算する」「推論する」），行動面（「不注意」「多動性－衝動性」，「対人関係やこだわり等」）から構成され，これらの質問項目は発達障害に関するスクリーニング質問紙を参考に作成されたものでした．

　その後，平成24年にも同様の調査が実施されました．その結果（カッコ内は平成14年度調査），知的発達に遅れはないものの学習面や行動面で著しい困難を示すと担任教師が回答した児童生徒の割合は，学習面か行動面で著しい困難を示す児童生徒6.5%（6.3%），学習面で著しい困難を示す児童生徒4.5%（4.5%），行動面で著しい困難を示す児童生徒3.6%（2.9%）学習面と行動面ともに著しい困難を示す児童生徒1.6%（1.2%）という数値が示されました．この数値は発達障害の診断を受けた子どもの在籍率を直接示すものではありませんが，通常学級の教師が「なんらかの特別な教育的支援を必要とする」と認識する児童生徒の割合は非常に高いことが窺えるものです．

　また，特別支援学校（平成18年度まで盲学校・聾学校・養護学校）や小学校・中学校の特別支援学級（平成18年度まで特殊学級）で教育を受けている児童生徒数も近年増加傾向にあり，通常の学級に在籍しニーズに応じて特定の時間だけ通級する「通級による指導」を受けている児童生徒数も平成5年度の制度開始以降増加傾向にあります．

2. 特別支援教育の制度化

　これらの状況をふまえ平成15年3月の「特別支援教育の在り方に関する調査研究協力者会議」による「今後の特別支援教育の在り方について（最終報告）」が提出されました．このなかで**特別支援教育**は「これまでの特殊教育の対象の障害だけでなく，その対象でなかったLD，ADHD，高機能自閉症も含めて障害のある児童生徒に対してその一人ひとりの教育的ニーズを把握し，当該児童生徒のもてる力を高め，生活や学習上の困難を改善又は克服するために，適切な教育や指導を通じて必要な支援を行うものである」と定義されました．文部科学省は，その後も必要な制度の見直しについての検討を進め，学校教育

法施行規則の一部改正（平成18年4月施行），学校教育法等の一部改正（平成19年4月施行）を行うことで特別支援教育を学校教育法のなかに位置づけました．平成19年の「特別支援教育の推進について（通知）」においては「特別支援教育は，これまでの特殊教育の対象の障害だけでなく，知的な遅れのない発達障害も含めて，特別な支援を必要とする幼児児童生徒が在籍する全ての学校において実施されるものである．さらに，特別支援教育は，障害のある幼児児童生徒への教育にとどまらず，障害の有無やその他の個々の違いを認識しつつ様々な人々が生き生きと活躍できる共生社会の形成の基礎となるものであり，我が国の現在及び将来の社会にとって重要な意味を持っている．」とされました．これは幼稚園や高校大学を含めたすべての学校で特別支援教育を進めていくことに加えて，障害の有無にとらわれず個々のニーズに合わせた支援を推進することを強調しており，特別支援教育がより拡大・発展した教育理念になってきていることを示しています．

3．特別支援教育のしくみ

　特別支援教育を支えるしくみとして，多様なニーズに適切に対応するための「個別の教育支援計画」の策定，校内や関係機関を連絡調整するキーパーソンとしての「特別支援教育コーディネーター」の指名，質の高い教育的支援を支えるネットワークである「広域特別支援連携協議会」等の設置の3つがあげられています（平成15年最終報告）．

　「個別の教育支援計画」とは，障害のある子どもに関わるさまざまな関係者（教育，医療，福祉等の関係機関の関係者，親など）が子どもの障害の状態等に関わる情報を共有化し，教育的支援の目標や内容，関係者の役割分担などについて計画を策定するものです．「個別の教育支援計画」は発達障害を含めすべての障害のある児童生徒について策定することとされています．

　「特別支援教育コーディネーター」は，校内の関係者や関係機関との連携協力の強化を図ることを目的として，各学校の校務に位置づけられています．校内や福祉・医療等の関係機関との連絡調整役，親に対する学校の窓口としての役割を担うものです．

学校が地域の関係機関と連携をとりながら適切な教育的支援を行うためには，都道府県行政レベルで教育，福祉，医療等の関係機関が連携協力する部局横断型の支援組織が必要とされ，その役割を担うのが「広域特別支援連携協議会」とされています。

　さらに特別支援学校については，障害の重複化や多様化をふまえ，障害種にとらわれない学校設置を制度上可能にするとともに，地域における小・中学校などに対する教育上の支援（教員，親に対する相談支援等）を重視し，地域の特別支援教育のセンター的機能を担う学校としての役割が求められています。

4．合理的配慮

　平成28年4月「障害を理由とした差別の解消の推進に関する法律（障害者差別解消法）」が施行され，公立学校教育現場でも合理的配慮（reasonable accommodation）が義務化されました。教育における合理的配慮とは「障害のある子どもが，他の子どもと平等に教育を受ける権利を享有・行使することを確保するために，学校の設置者及び学校が必要かつ適当な変更・調整を行うことであり，障害のある子どもに対し，その状況に応じて，学校教育を受ける場合に個別に必要とされるもの」とされています。同時に「学校の設置者及び学校に対して，体制面，財政面において，均衡を失した又は過度の負担を課さないもの」とされています。

　合理的配慮は，まず当事者が学校側にそのニーズを表明し，それに基づいた話し合いと提案のもとにどのような支援を行うかの合意形成を行い，実施した後に再評価しながら支援を調整していくものです。しかし子どもによっては明確なニーズの表明が困難であったり，また通常学級集団の中で個別的な配慮を行うことへの抵抗感や差別的な対応に対する不安があったりすることがあります。合理的配慮の実施にあたっては，子どもと保護者双方に対する合意が重要になってきます。個別的な支援である合理的配慮を円滑に実施するためには，その前提として，例えばクラス全員が回答欄の異なるプリントを選べるようにするなど，クラス全体へのユニバーサルな支援を実施することが大切です。こうした全体への支援の上で，さらに必要なニーズについて，本人，保護者，学

校との話し合いの中で合理的配慮を実現していくことが必要です．校内体制としては，実施する教員側の不安や負担感などにも配慮し，担任だけでなく他の教員の理解と協力を得ながら進められる校内体制が求められます．

発達障害の原因は「脳を含む中枢神経系の機能の障害」とされていますが疾患部位についてはまだ十分に解明されていません．特定の疾患部位が医学的に同定しにくいということは医学的診断も行動面からの情報収集に頼らざるをえないことになります．このことは正確な診断の困難性にもつながっています．

1.　発達障害とは

発達障害者支援法においては，「『発達障害』とは，自閉症，アスペルガー症候群その他の広汎性発達障害，学習障害，注意欠陥多動性障害その他これに類する脳機能の障害であってその症状が通常低年齢において発現するものとして政令で定めるものをいう」とされています．最終的に日本の行政的な定義としての「**発達障害**」は，発達障害者支援法の文部科学事務次官・厚生労働事務次官通知によって「脳機能の障害であってその症状が通常低年齢において発現するもののうち，ICD-10（疾病及び関連保健問題の国際統計分類）における『心理的発達の障害（F 80-F 89）』及び『小児〈児童〉期及び青年期に通常発症する行動及び情緒の障害（F 90-F 98)』に含まれる障害であること．なお，てんかんなどの中枢神経系の疾患，脳外傷や脳血管障害の後遺症が，上記の障害を伴うものである場合においても，法の対象とするものである」（法第2条関係）とされました．

もともと「発達障害」の国際的な定義は知的障害（精神発達遅滞）なども含みますが，現在わが国で一般的に用いられる「発達障害」の定義は，先に示した発達障害者支援法に基づくものとなっています．

2. 学習障害，ADHD，高機能自閉症の定義

　特別支援教育に基づいて教育現場で行われる支援のための「定義・判断基準」と医師が医学的診断に用いる「診断基準」では若干の違いがあり注意が必要です．ここでは発達障害のなかでも文科省が定める学習障害，ADHD，高機能自閉症と医学的診断を対比させながら解説します．これらの障害は実際には互いの症状が合併していることも少なくありません．教育的支援にあたっては，医学的診断を考慮に入れつつ次節のようなアセスメントを行い，一人ひとりのニーズを明らかにする必要があります．発達障害は現時点で医学的に治療することは困難ですが，早期からの適切な療育や教育，そして個人に合わせた特定の症状に対する薬物療法の適用によってその症状を改善しうることが示されています．

（1）　学習障害（限局性学習症／限局性学習障害；Specific Learning Disorder）

　全米学習障害合同委員会の定義を参考に作成された文部科学省の定義によると**「学習障害」**とは，「基本的には全般的な知的発達に遅れはないが，聞く，話す，読む，書く，計算する又は推論する能力のうち特定のものの習得と使用に著しい困難を示す様々な状態を示すものである．学習障害は，その原因として，中枢神経系に何らかの機能障害があると推定されるが，視覚障害，聴覚障害，知的障害，情緒障害などの障害や，環境的な要因が直接的な原因となるものではない」とされています．これに対し現在医学的診断に用いられる学習障害は，限局性学習症／限局性学習障害（DSM-5 米国精神医学会による精神疾患の診断と統計のためのマニュアル第5版）と名称が変わり，読みの障害，書き表現の障害，算数の障害に限定され，教育的な定義よりも狭義なものになっています．

（2）　ADHD（注意欠如・多動症/注意欠如・多動性障害；Attention Deficit Hyperactivity Disorder）

　ADHD の文部科学省の定義は「年齢あるいは発達に不釣り合いな注意力，及び/又は衝動性，多動性を特徴とする行動の障害で，社会的な活動や学業の機能に支障をきたすものである．また，7歳以前に現れ，その状態が継続し，中枢神経系に何らかの要因による機能不全があると推定される」となっていま

す．この文部科学省の定義自体が DSM を参考に作られたため教育的な定義と医学的診断に関してはほぼ一致したものになっています．しかし最も新しい DSM-5 では，ADHD は青年・成人での発症を含めた年齢にとらわれない障害となり，いくつかの症状の発現年齢は，7 歳以下から 12 歳以下へと引き上げられ，17 歳以上の人の診断基準が緩和されました．

（3）　高機能自閉症（自閉スペクトラム症／自閉症スペクトラム障害；Autism Spectrum Disorder）

　高機能自閉症（high functioning autism）という概念は，自閉症の診断基準を満たすもののうち知的障害を伴わないものという概念で，前述の ICD や DSM による医学的な診断名ではありません．高機能自閉症の文部科学省の定義では「3 歳位までに現れ，他人との社会的関係の形成の困難さ，言葉の発達の遅れ，興味や関心が狭く特定のものにこだわることを特徴とする行動の障害である自閉症のうち，知的発達の遅れを伴わないものをいう．また，中枢神経系に何らかの要因による機能不全があると推定される」とされています．なお**アスペルガー症候群**については，文部科学省の定義では「知的発達の遅れを伴わず，かつ，自閉症の特徴のうち言葉の遅れを伴わないもの」とされています．DSM-5 では自閉症状の強さや程度を連続体（スペクトラム）ととられることで下位分類が廃止され，社会的コミュニケーションの困難性，限局的な行動・興味の 2 つを主症状とし，三歳以前とした発現年齢も「発達早期の段階で必ず出現するが，後になって明らかになるものもある」とされました．

◈◈◈◈◈◈ 第 3 節　発達障害に対するアセスメント ◈◈◈◈◈◈

　教育プログラムを船での航海にたとえれば，**アセスメント**は地図や羅針盤のようなものです．臨床現場や教育現場では専門家の経験や直感も重要ですが，それだけに頼りすぎると思わぬ「海難事故」に出会う可能性があります．心理アセスメントの特性については他の章でもふれられていますが，本節ではより実践的に解説します．

1. アセスメントの意義と倫理

　発達障害においては，同一の診断を受けていたとしても一人ひとりの子どもの状態や支援ニーズは多種多様です．したがって適切なアセスメントに基づいてそれぞれの教育的ニーズを明らかにし，個々に応じた支援計画を立案，実施していきます．まず本人や親に検査の実施や記入などを依頼する場合は，実施の目的，方法，結果や，守秘についてのインフォームド・コンセント，つまり十分な説明と同意が必要となります．本人についても，検査の意味やメリットなどをできるだけわかりやすく説明することが検査への協力や不安の低減に役立ちます．また個人情報に関する守秘義務については，情報の管理方法はもちろん，それぞれの情報ごとに，どの機関やどこまでのメンバーで共有するかを決めておきます．たとえば生育歴情報に関しては学校では担任とコーデイネーターのみが共有し，知能検査のデータは学年教師と管理職とが共有するなどです．この場合も親に情報共有のメリットを説明し許可を得て連携に生かしていくようにします．

　実際の教育現場では担任一人が複数のアセスメントを行うことは困難であり，また最初から十分なアセスメント情報をもとに指導を開始できるとは限りません．しかし後で解説するように，教師は実際に授業実践を行いながら行動観察などのインフォーマルなアセスメントを行うこともできます．さらに親や本人と信頼を築くこと，複数機関と連携することでより効率的に情報収集を行うことも可能です．これらの情報は次の教師に確実に引き継ぐことが重要です．

2. アセスメントの領域とその特性

　表10-1に主なアセスメントの領域と発達障害によく使用される検査やテストの種類およびその特性を示しました．おのおののアセスメントは，同年齢の一般的な母集団との比較や個人内差，個人の過去と現在など，さまざまな観点から比較・分類・記述・解釈するものであり，個人の総合的な理解のためには複数のアセスメント情報を総合して検討することが必要となります．また各アセスメントの特性を理解し，対象となる子どものニーズに応じて使い分けるこ

表 10-1　発達障害児への支援に対する主要なアセスメント

領　域	種　類	テストや特徴など
過去の発達や診断	生育歴	乳児期からの運動や語や情緒の発達の聞き取り.
	教育歴・相談歴	前年度までの配慮や支援計画，専門機関と連携するために活用
	診断歴	する.
		聞き取りの過程で親の障害理解を推察する情報にもなる.
	投薬歴	主治医とのコミュニケーションの密度や薬に対する理解や抵抗等も推察する.
発達・心理・認知	乳幼児発達	遠城寺式乳幼児分析的発達検査法，津守式乳幼児精神発達診断法，KIDS 乳幼児発達スケールなど.
	個別実施式検査	発達指数や知能指数や個人内差，認知処理方略などのより詳しい情報が得られる. 新版K式発達検査,鈴木ビネー，田中ビネー，WPPSI（3 歳 10 ヶ月 ~7 歳 1 ヶ月），WISC（5 歳 ~16 歳 11 ヶ月），K-ABC（2 歳 6 ヶ月から 12 歳 11 ヶ月）などの発達・知能検査や K-ABC，DN-CAS などの認知処理のアセスメント.
障害・行動特性行動	抑うつ・不安	DSRS-C バールソン児童用抑うつ性尺度，SCAS スペンス児童用不安尺度など.
	スクリーニング	質問紙として LD 児用は LDI-R，ADHD 児用は ADHD-RS，自閉症スペクトラムでは M-CHAT，AQ など，診断ではないので特に留意すること.
	行動面の評価	CBCL（子どもの行動チェックリスト），ABC-J（異常行動チェックリスト日本版），SDQ など S-M 社会生活能力検査，ASA 旭出式社会適応スキル検査，Vineland II など
	適応行動	
	エピソード記録	かかわりの中で具体的に日々の様子を記録する. 観察の視点としてはアイコンタクト，集団や個別場面での指示理解，姿勢，落ち着き,言語理解,言語表現,会話のズレやニュアンスの誤解，運動動作，人物画，遊びの中でのルール理解やこだわりなど
	機能分析による行動観察	具体的な気になる行動について事前・事後をあわせて記録する
	スキャター・プロット	気になる行動の記録を時系列上に整理することで起こりやすい時間や条件を推定する
	スケジュール	平日・休日の家庭や学校での行動の様子を記述. 余暇やコミュニケーションの機会や QOL を評価する
生活・環境	生活地図	地図上に生活圏を記載することで生活スキルや余暇，QOL を評価
	教室環境・家庭環境など	家庭や家族，地域，クラスメイトの理解や対応，教室環境，学校の体制，連携機関の情報を得る. 主として聞き取りによる.

（機能分析による行動観察，スキャター・プロット，環境アセスメントシートなどの様式例は井上研究室 HP（http://www.masahiko-inoue.com）などを参照）

と，子どもの状態に応じて優先順位の高い情報や得やすい情報から収集することが必要です.

　アセスメントから具体的支援へとつなげるにはどのような方略や方法論があるのかについて本節では以下のような事例をもとに考えてみます．

> ──〈事例〉──
>
> 　小学2年通常学級在籍の男児．対人的なトラブルが絶えない．入学時より落ち着きがなく多動傾向や衝動性が強かったが診断は特に受けていない．興味のない学習にはのりにくい．注意が散漫で授業中の活動もついてこれないことが多く，最近はクラスメイトへちょっかいを出したり授業中の飛び出しも多くなってきた．書くことが苦手なようでノートはとりたがらない．とくに漢字の宿題などはほとんどやってこない．前年度から親と学校との関係もこじれてしまっている．

1．初期的アセスメントと支援

　このような事例では，親との関係が悪化した状態で引き継ぐため，新担任もすぐには親から詳しい情報を聞き出すことは困難な場合があります．また知能検査のような個別の検査などを実施することも困難であることが多いと思います．初期的には親との関係作りにつとめ，教師用の質問紙や実践しながら行うインフォーマルなアセスメントから実施していくことになります．

（1）　障害特性に関するアセスメント

　本事例の場合 ADHD については未診断ではありますが，その子どもの行動特性など大まかな特徴を摑んでおくことは必要です．ADHD-RS または文部科学省の「通常の学級に在籍する特別な支援を必要とする児童生徒に関する実態調査」の項目などによって大まかなプロフィールを担当教師間で共有することもできます．ただしチェックリストの基準を満たすことは医学的診断ではないことに注意します．また診断はなくとも本人の特性やニーズをふまえた支援を考えていくことが重要です．

（2）　教室内の環境調整

　個別に取り出して支援をする場合，親や本人に対する説明と同意が必要となります．本事例は親との関係がこじれているケースですので，まずは集団のな

かでの実施しやすい支援から行っていきます．たとえば，"クラスメイトから注意されて手が出る"という行動が，本人が"授業中に別の本や資料集を見てしまったことを注意される"ことをきっかけに生じているような場合，このきっかけとなっている直前の条件を減らすことがまず必要となります．いくつか対応をあげれば，"授業で複数の教材を使う時は不要なものを机のなかに片づけるよう事前に全体指示を出す""現在どの教材について話しているかを個別に確認する"などです．井上（2007）はこうした事前の環境調整の必要性について「環境調整気づきのチェックリスト」の活用を推奨しています．また授業準備行動（道城ら 2005）や教室全体のアプローチ（武藤，2007）によって特別なニーズの支援を行う方法も研究されてきています．

（3）　機能的アセスメントによる行動面へのアプローチ

　行動の前後の様子から問題行動の「機能」を分析する「**機能的アセスメント**」（functional asessment）は国内外の多くの研究でそのエビデンス（科学的根拠）が示されています．**問題行動**についてはまずその行動を具体的に記述します．「パニックになる」「指示に従わない」などの行動の記述は，それぞれ「奇声をあげて走り回る」「着席の指示に従わないで遊び続ける」などに修正する必要があります．具体的に記述することで複数の人と問題点の共有がしやすくなり，記録も正確になるというメリットがあります．

　このようにして問題行動を具体的に2〜3個に絞り，1週間程度記録します．記録は行動を単独で記録するのではなく，事前のきっかけと事後の対応や結果を含めて時間割に沿って記録していくようにします（図10−1）．これによってそ

行動観察シート

月　　　日（　　）　　No_____

対象児名_____　　　　観察者名_____

時　間	どんなときに	行　動	どう対処したか
朝の会	今日の目標を決める話し合いをしている	たち歩きをする	注意すると教室外へ出て行くので追いかけていく

図 10-1　行動観察シートの例

の行動が起こりやすい時間帯や教科，場面や状況などの直前のきっかけなどが明らかになり，予測しやすくなります．起こりやすい場面が予測されれば，当該行動を起こさなくてすむような事前の環境調整を行うことも可能になります．

次に前述の行動観察シートをもとに MAS（Motivation Asessment Scale；デュランドとクリミンス Durand & Crimmins, 1988）などを利用して問題行動の機能に対する仮説を立てます．主な機能には「注目を引く」注目要求機能，「嫌なことから回避する」逃避回避機能，「自分の要求を満たす」要求充足機能，「そのこと自体が楽しみ」感覚強化機能などがあります．機能を分析することにより，問題行動に代わる適切な行動を教えることで問題行動を置き換えていくことも可能になります．

たとえば，授業中することがわからなくなるとクラスメイトをつついたりしてちょっかいを出すという行動が，クラスの注目要求機能と課題からの逃避回避機能をもっていると仮説された場合，やるべき課題をわかりやすく個別指示し，課題に従事する行動に対して教師が注目したり，うまく発表できるよう支援して意見を述べさせ注目を与えるなど，問題行動の機能を代替する適切な行動を育てることで行動を置き換えていきます．

（4） 学習面のアセスメントと支援

①記述式テスト・チェックリストなどの利用

学習障害については，まず対象となる子どもの全般的な困難点やニーズについて把握し，その後，読み，書き．算数など個々の困難性を詳細に評価していきます．LDI-R は，LD の主な困難領域である学習面の特徴を把握するための調査票です．調査項目は文部科学省の学習障害の定義に沿った基礎的学力の領域（「聞く」「話す」「読む」「書く」「計算する」「推論する」，中学生版はこれに加え「英語」「数学」）と「行動」「社会性」を合わせた小学生 8 領域，中学生 10 領域から構成されています．LDI-R は教師が子どもの普段の学校での様子から行動を評定することでLD診断につなげるための教育的評価を目的にしたものです．担任教師等が記入することにより様々な気づきが得られやすくなっています．読み，書き．算数など個々の困難性については，音読検査（稲垣真澄編集代表, 2010）読み書きスクリーニング検査（宇野ら, 2006）などの実施式の検査か

ら，読むことや書くことの困難性に対するより詳細な情報収集を行います．算数障害については現在我が国では確定的な尺度はなく，これに代わるものとして稲垣ら（2010）による検査シートなどがあります．

②普段の行動観察からの情報収集

音読の様子やノートへの書き写しの様子からも子どもの読み書きの困難性の特徴はとらえられます．また教科のなかでもさまざまな点からその特徴は把握できるでしょう．たとえば算数では，計算はできるが文章題を解くことや定規やコンパスの使用が苦手，実技系では工作は好きだが長い時間取り組めない，音楽では不器用で楽器の演奏は困難などです．また得意な部分や優れている部分にも目を向けていくことも重要です．

③学習に取り組む姿勢作り

得意な部分をのばし，認めていくことで自信をもたせること，苦手な面に関してはプリントの回答欄を大きくすることや選択式にすること，板書の工夫をすること，机間巡視を頻回にし，個別指示やヒントを多くすること，宿題の内容を複数から選択できるようにすることなど，クラス全体に適用する全体的支援から始めるのがよいでしょう．課題を自分で選択できるようにすることは，子どもの動機づけを高める方法としてその効果が証明されています．複数のプリントから宿題を選択させるシステムを導入したり，自習場面で自分で課題を決定させるシステムを導入することにより，課題従事を促進したり逸脱を低減させる効果が期待できます．

自習活動はセルフコントロールの力を養う基礎となります．この場合の環境的な工夫としては個別の力にあった課題を使用すること，わからないことや聞きたいことは挙手したり，質問すること，また課題ができた場合に提出する場所を用意したり，終了した後に何をして待ったり過ごすのかを明確にしておく必要があります．授業中の個別課題の実施などの合理的配慮を導入する場合は，本人や保護者との話し合いや合意形成が必要な場合があります．特に本事例のような未診断ケースでは，本人・保護者との信頼関係を築きながら必要なタイミングで医療機関や専門支援機関と連携しながら進めていく必要があるでしょう．

（5） 親や家族の理解と関係構築

①発達障害のある子どもの親のストレス

　発達障害の場合，出生直後には確実に診断できるダウン症などの染色体異常と異なり，乳幼児検診では気づかれずに保育所や幼稚園など集団場面に入ってから対人関係の困難や社会性の発達などの困難性に気づく場合も多く診断時期も遅れがちになります．障害のわかりにくさは，子育てのなかで親自身にさまざまな不安やストレスを生じさせると同時に，得られるはずの家族や周囲からのサポートの不足を招いたり，「しつけの悪さ」「子育ての問題」としての周囲からの批判や偏見にさらされる危険性を生むこともあります．親が「発達障害かもしれない」という疑念を抱いたとしても，実際に相談機関や医療機関へ訪れるまで，つまり気づきから診断までの期間もほかの障害に比較して長くかかることもあります．その場合親は長い時間，支援の得られない状態で不安に悩まされることになります．

　学齢期に入り不登校やいじめ，引きこもり等の不適応状態に陥った後に診断される事例もあります．そのような事例では，親は子どもの困難さに気づいてやれなかったことへの罪悪感を深く感じ親自身傷ついていたり，しつけや養育に対する自信を失ってしまっている場合もあります．また，もちろんすべての親ではありませんが，長期間の子育てのストレスや周囲からのプレッシャーに悩まされ続け，サポートの得られない環境での子育てを強いられた結果，子どもへのしつけが過度な体罰に発展してしまう事例や虐待に至ってしまう事例もあります．学校や教師から責められ続けた体験から人間不信に陥り，学校関係者とは話ができない状態に陥っている事例もあります．また，親自身が発達障害の行動特性をもち合わせていたり，鬱などを発症していたりする事例もあります．

　支援者は発達障害のある子どもだけでなくそれを支える家族に対しても目を向け，まず第一に家族がもつ特別なニーズについて一般的な理解を進めること，次に個別的なニーズについてアセスメントを行い，場合によっては福祉や医療機関など他機関との連携を重点化して取り組んでいくことが必要であると考えられます．

家族支援については，2005 年にわが国ではじめて発達障害のある人々の国および地方公共団体の責務を定めた「発達障害者支援法」の第三条の 2 において「家族支援について必要な措置を講ずること」と定められていますが，具体的な計画の義務づけやそのための資金確保等については定められておらず法的システムの整備は今後の課題となっています．

②親との関係構築

　事例のような場合，前担任や幼稚園の担任から親とのかかわりや教師との認識のズレ，子どもへの共通理解の程度などについて聞き取りを行ってみるのもよいでしょう．親自身も精神的に追い詰められ，通院や投薬治療を受けていたり，障害の診断に対する強い抵抗感や不安・偏見などを抱いている場合もあるでしょう．このような情報が学校間や学年間でうまく伝達されなかったために，教師からの積極的な家庭への働きかけが裏目に出てしまい親との溝がより深刻なものになる場合もあります．また，これらの聞き取り情報を分析する場合には，聞き取った相手（前担任など）の主観的なバイアスが入りやすいことに対して十分に考慮する必要があります．

　関係の修復には外部の専門家に相談したり専門家を媒介する方法もありますが基本的には親を批判せず悩みを聞き取り，問題点を共有し，ともに考える教師の姿勢が重要となります．教室での実践の効果をあげながら，家庭訪問や電話連絡，連絡帳への書き込みなども活用して，子どもが頑張った様子やうまくいった実践を共有し，信頼関係や協力体制を築くことが次のステップとなります．そして必要に応じて相談機関などを紹介し教師も同行し，地域での支援ネットワークを広げていくことが重要です．

2. より個別性の高いアセスメントと支援への展開

（1）家庭との信頼関係の構築と連携

　親との共通理解が可能になり，初期的な実践の効果が出始めたとします．子どものすべてのニーズが集団的全体的なアプローチで解決すれば，これらの情報を次の担任教師へ伝達すればよいでしょう．このなかには長期的な視野での支援が必要な場合や家庭との協力が必要な場合もあります．

家庭との信頼関係が構築されれば親や本人に十分な説明と同意を得ることで個別実施式の知能検査や各種アセスメントを実施することでより詳細な情報を得ていくことも可能になるでしょう．また専門機関や医療機関を媒介にした家庭とのより密な連携体制も構築することができます．これらの情報は個別の教育支援計画に記載していくことが必要ですが，支援計画やアセスメント情報は単に次の学年や学校に引き渡せばよいというものではありません．親との共有や同意はもちろん，それらが確実に活用されているかを管理職やコーディネーターがチェックする必要もあるでしょう．

（2）　学校で実施できる指導技法や支援プログラム

　学校で実施できる指導技法や支援プログラムに関しては数多く研究され文献などでも紹介されてきていますが，本節ではそのなかからいくつかの指導技法を概説します．

①社会的スキル訓練

　社会的スキルについてはいくつかの尺度やチェックリストが存在しますが（磯部ら，2001；小関ら，2007），最も簡単なのは普段の学校生活のなかからその子どもが実行できそうな課題を一つ抽出し，具体的な目標を作り，スモールステップで支援し，成功をともに喜んでいくことです．社会的スキル訓練の手続きは，行動療法や認知行動療法に基づくものですが実施形態として，個別実施とクラス全体に実施する形態があります．クラス全体への実施の場合，具体的な例をあげると「気持ちのよいあいさつ」や「友達への暖かいことばがけ」などをテーマにして，問題場面のロールプレイ提示，解決手段を全員で考える，適切なロールプレイのモデル，ロールプレイの行動リハーサル，良いところやこうしたらもっと良くなる点などをフィードバックするなどの流れで行います．留意点として，発達障害のある子どもに対してはロールプレイや行動リハーサルをその行動が十分に定着するまである程度くり返し指導すること，指導後のスキルの実際場面での使用に関してフォローアップを十分に行うことなどです．

　吉田・井上（2008）は通常学級に在籍する自閉症診断のある男児とクラスメイト数名を対象に休み時間を利用して社会的スキル訓練を組み込んだ双六型の

ボードゲームを実施しました．その結果，ほかの休み時間におけるクラスメイトとのかかわりも改善し，日常場面に般化することが示されました．このように社会的スキル訓練は学校現場の実情にあわせて反復して実施可能な訓練形態を工夫，選択していくことが重要となってきます．

②ソーシャル・ストーリー

ソーシャルストーリーとは，社会的な手がかりに関する言葉を用いて社会的状況を記述し，その場にふさわしい行動をわかりやすく提示するものです（グレイとガーランド Gray & Garand, 1993）．ソーシャルストーリーは単独で用いられることもありますが社会的スキル訓練やトークンシステム，レスポンス・コストなどのほかの指導技法と併せて用いる研究も行われてきています．福田・井上（2006）は 2 名の発達障害をもつ児童について家庭でのストーリーの読み聞かせによる学校場面の問題行動の抑制効果について検討し良好な結果を得ました．学校でのストーリーの読み聞かせは実施が困難な場合もありますが家庭との連携がとれることによって無理なく支援を行うことができることがわかりました．

③トークン・システム　行動契約法

トークン・システムは，適切な行動に随伴してシールやスタンプや得点などのトークンがもらえ，それを集めると好きなものや活動と交換できるシステムのことで行動療法の研究や実践では長い歴史があります．課題や行動がどこまで達成できたか視覚的に確認可能であるため多くの対象に適用可能です．導入にあたっては，何をすればトークンを入手でき，何とどのくらいの割合で交換可能で，いつ交換できるのかといったことを子どもに伝え，視覚的にもわかりやすくしておく必要があります．交換できる比率（必要なトークンの数）は，本人が取り組む課題の難易度に応じて適切に調整することも重要です．また本人に交換可能な活動や達成までの個数（比率）を記入した何枚かのシートを用意し，選択させるようにする場合もあります．

しかし通常学校で個別にトークン・システムを適用した場合，交換可能なバックアップ強化としての活動がコンピュータ室や図書室の利用など限られたものになってしまう点と特別扱いを受けることに対する本人や周囲の否定的な反応

があげられます．したがって以下のような方法を工夫する必要があるでしょう．

　一つはクラス集団全体に適応する方法で，これを「集団随伴性」ともいいます．各自がそれぞれ個別の達成目標を作って個別にトークンを集める方法やクラスで共通の目標を作り，各自が獲得したトークンを持ち寄り全体の楽しみ（たとえばお楽しみ会の開催）をバックアップ強化にする方法などです．もう1つはバックアップ強化となるご褒美や楽しみな活動の提供に関して，家庭や専門機関と連携する場合です．たとえばトークンは学校で集め，それを家庭でゲームをしていい時間と交換するなどです．野呂（2004）はADHDのある小4児童の学校での授業準備行動の指導にトークン・システムを用いています．この場合のトークン・システムは，トークン表を週1回担任からファックスで大学に送付してもらい，対象児が大学に来談した際に楽しみな活動と交換するというものでした．

　トークン・システムは先に述べた社会的スキル訓練やソーシャルストーリーとも複合させて使うことができます．また行動が定着すればなくしていくことも可能です．

④余暇スキル・遊びの指導

　社会的スキルの指導によって「仲間にいれて」などの参加スキルを学習したとしても，前提として"入りたい遊び"がなければそのスキルは機能しないでしょう．また休み時間などに生じる問題行動については，余暇の過ごし方や遊びのスキルそのものの支援が必要な場合もあります．定型発達の子どもたちの遊びは年齢とともに発達し変化していきますが，発達障害のある子どもの遊びは好みが限定されていたり，広がりにくいこともあります．

　一人遊びも含めてその子どもに応じた時間の過ごし方を教えていくことで，情緒的な安定が得られたり，友人との遊びやかかわりのきっかけにもなります．対人的な遊びの場合には役割交代，順番待ち，勝敗理解，ルール理解，チームメイトを励ましたり助けるなどの遊びを構成する下位のスキル群を簡単な遊びから徐々に系統的に指導するようにします．

第5節　特別支援教育に関する新しい動き

　近年，米国で広がりを見せている RTI（Response to Intervention）モデルや SWPBS（School-wide Positive Behavior Support）などの教育モデルは，階層的なアプローチ構造を特徴としています．まず第1層支援としてクラス全体に介入を行い，第二層支援として小集団に的を絞った介入，第三層支援では個別指導が実施されます．第一層支援によって，学習面や行動面の問題を生じにくくし，うまくいかない場合は小集団指導が導入され，さらに難しい場合は個別の支援が導入されます．これにより，学習困難や行動問題を予防しながらアセスメントすることができます．RTI や SWPBS は日本でも研究が増えてきています．

第6節　おわりに

　発達障害は，幼少期には被虐待のリスクファクターとして，また学齢期においては不安障害，気分障害などの精神疾患の合併，いじめ，不登校，インターネットゲーム障害，家庭内暴力，非行や触法行為などのリスクも指摘されています．これらのリスクは彼らのもつ感じやすさ傷つきやすさの特性だけでなく，一人ひとりの特性にあわせた支援の有無など，環境要因によって影響されます．早期からの適切な支援によって優れた才能を開花させたり，クラスメイトと楽しく学校生活を送っている子どもたちもいる一方で，支援が届かず苦しんでいる子どもや家族もいます．心理学の学びを通して分類・類型化・分析・解釈を行うだけでなく，それを現場でどのように応用するか，どのようにシステム化するかが課題となっています．この分野での専門家はまだ少なく，読者諸氏が科学的な視点を持った実践家（サイエンティスト・アンド・プラクティショナー）として活躍されることを期待します．

（井上　雅彦）

＊ 引 用 文 献 ＊

道城裕貴・松見淳子・井上紀子（2005）．通常学級において「めあてカード」による目標設

定が授業準備行動に及ぼす効果　行動分析学研究, **19**(2)148-160.

Durand, VM. and Crimmins, D. B. (1988). Identifing the variables maintaing self-injurious. *Journal of Autism and Developmental Disorders*, **18**, 1, 99-117.

福田誠・井上雅彦 (2006). 高機能自閉症児におけるソーシャルストーリーによる行動変容―家庭場面における読み聞かせ効果の検討―　LD研究, **16**. 1. 84-94.

Gray, C. A. & Garand, J. D. (1993). Social stories : Improving responses of students with autism with accurate social information. Focus on Autistic Behavior, 8(1), 1-10.

小関俊祐・蓑崎浩史・細谷美奈子 (2007). 友人関係場面における児童用社会的スキル尺度作成の試み　発達心理臨床研究, **13**, 29-37.

稲垣真澄 (2010) 特異的発達障害診断・治療のための実践ガイドライン―わかりやすい診断手順と支援の実際―　診断と治療社

井上雅彦 (2007). 応用行動分析に基づく環境アセスメントと環境整備　現代のエスプリ **476**：188-194.

磯部美良・岡安孝弘・佐藤容子・佐藤正二 (2001). 児童用社会的スキル尺度の作成　日本行動療法学会第27回大会発表論文集, **225**.

武藤崇 (2007). 特別支援教育から普通教育へ：行動分析学による寄与の拡大を目指して行動分析学研究, **21**(1)7-23.

野呂文行 (2004). 通常学級への支援 (1)　加藤哲文・大石幸二 (編著) 特別支援教育を支える行動コンサルテーション　学苑社

特別支援教育の在り方に関する調査研究協力者会議 (2003). ADHD及び高機能自閉症の定義と判断基準 (試案) 等　今後の特別支援教育の在り方について (最終報告).

宇野彰・春原則子・金子真人・Taeko N. Wydell (2006). 小学生の読み書きスクリーニング検査　発達性読み書き障害 (発達性 dyslexia) 検出のために　インテルナ出版

吉田裕彦・井上雅彦 (2004) 高機能自閉症児におけるボードゲームを利用した社会的スキル訓練の効果―通常学級の休み時間を活用した事例―日本特殊教育学会第42回大会発表論文集, **605**.

スクールカウンセラー の活用

1995年（平成7年）にスクールカウンセラーが導入されてから，四半世紀が経過しました．

スクールカウンセラーの配置状況は，2019年度学校保健統計調査によると，定期配置（週4時間未満も含む）で，小学校54.2%，中学校88.1%，高等学校72.2%となっています．これは「最終的には，全ての必要な学校，教育委員会及び教育支援センターに常勤のスクールカウンセラーを配置できることを目指すことが適切である」とした2017年（平成29年）の教育相談等に関する調査研究者会議案から見れば，十分とは言えない数値です．また2020年5月発表の総務省による調査でも，「専門的職務（スクールカウンセラー等）に対する学校現場での理解や学校等との連携が不足しており，十分に活用されていない」との指摘を受けています．

いまだに，学校現場ではなかなか理解が進まず，連携不足を指摘されるスクールカウンセラー等の専門的職務．この章では，改めて，スクールカウンセラー（以下，SCと記す）を身近なものとして利用していくために，『活用方法』についてお伝えしたいと思います．

第1節　スクールカウンセラーとは，どんな人たちなのでしょうか

この本を手に取ったみなさんの通った学校には，すでに学校内にSCが導入されていたかもしれませんし，利用した人もいるかもしれません．しかしSCのことをどの程度知っていますでしょうか？

2020年5月に大学2年生を対象に行った筆者の調査では，大学生の約半数（50.5%）が「カウンセリングは心病んだ人が受けるもの」と回答し，精神分析と混同している者が76.8%いました．またカウンセラーを先生と同じような

人（役割）だと回答した者は 74.7%。そして，この調査に参加してくれた学生のほとんどが SC を利用したことがありませんでした。このように誤解していれば当然なのかもしれませんが，スクールカウンセラーを利用してもらい，しっかりと活用していくためにも，正しい認識と理解が必要でしょう．

1. スクールカウンセラーとは

　アメリカでは 1958 年に国家防衛教育法によりカウンセラー養成を始め，1964 年に小学校にカウンセラーが配置されていました．日本での SC 制度は，いじめや不登校の増加に伴い調査研究を目的として，1995 年（平成 7 年）に配置されたのを皮切りに拡充されていきました．

　2013 年 9 月に施行された「いじめ防止対策推進法」を基に，東京都では学校におけるいじめ防止対策のための構成員として SC による全員面接の実施を始めています．2015 年には，中央教育審議会答申「チームとしての学校の在り方と今後の改善方策」の中で「チーム学校」を実現するために SC の役割が見直されました．これを踏まえ，2017 年（平成 29 年）4 月に学校教育法施行規則（昭和 22 年文部省令第 11 号）の一部を改正，「スクールカウンセラーは，学校における児童の心理に関する支援に従事する」として，その名称と職務内容が明らかにされ，ここでようやく学校における専門職として正式に認められるようになりました．

2. スクールカウンセラーの資格

　正式に認められるまでに 22 年かかった SC ですが，教師に社会科や理科の教師がいるように，SC にもいろいろな人がいます．

　SC の資格は，文部科学省の「スクールカウンセラー等活用事業実施要領」によると，公認心理師，臨床心理士，精神科医のほか，都道府県又は指定都市が上記の各者と同等以上の知識及び経験を有すると認めた者となっています．同等以上の知識や経験を有する者というのは，退職された校長先生や元教師などが該当します．中でも公認心理師は，2017 年 9 月に施行されたばかりの心理職の国家資格です．現時点でその資格を持つ者の内訳は，臨床心理士だけで

はなく，学校心理士，小中高の教員，看護師や社会福祉士，ケースワーカー，キャリアコンサルタント他，5年以上の相談業務を行ってきた人たちです．

　現在ではSC選考には実績も踏まえて行うことが明記されているため，完全に分野外の人が選考されることは少なくなっているようです．しかし資格保有者の少ない地方自治体では，さまざまな資格（教育カウンセラー，認定心理士，精神対話士等）を持つ人が採用される例は少なくありません．今後はこのような多種多様な資格背景をもった公認心理師の採用も増えていく可能性が考えられます．

　以前からSCの持つ力量の個人差が大きいとの指摘もされていますが，公認心理師にしても臨床心理士にしても汎用性の高い資格であるために，配属されたSCの資格背景や得意分野等を把握して，適材適所で仕事を依頼することが以前よりも増して重要となると思われます．

3.　スクールカウンセラーには何ができるのでしょうか

　SCの導入初期に，教師がSCに求める条件として重視されたのが「教職経験」（伊藤・中村, 1998）でした．それが，2002年調査（西村・沖ほか）では，「教職経験」よりも「臨床心理学的専門性」が重要視されるようになり，2011年調査（相澤）では，「生徒や保護者への教師の対応力向上」，「SCが教師・生徒・保護者のつなぎ役となること」，「心理学の専門的見地から教師と情報交換し助言・指導すること」等となり，知見と経験の蓄積により，教師のニーズもより具体的になりました．そして現在ではSCの役割について，各自治体でもガイドラインを作成して明確に示されるようになっています．

　文部科学省のHPに記載されているのは，『①カウンセリング，②コンサルテーション，③校内会議や委員会等への参加，④教職員や保護者，地域へ向けた研修や講話，⑤査定・診断（見立て）・調査，⑥ストレスチェックやストレスマネジメント等の予防的対応，⑦危機対応・リスクマネジメント』です．

　カウンセリングとは，いわゆる児童生徒，保護者との個別相談（直接的援助）のことで，コンサルテーションとは教職員との相談助言（間接的援助）のことをいいます．この2つが多くのSC活動実践報告書の中で最も報告されているの

は，SC 配置日数が少なかったり，不定期配置であっても比較的機能しやすい役割だからといえるでしょう．しかし集団を扱うような予防的・開発的カウンセリング（育てるカウンセリング）の場合は，現場の教師や養護教諭との連携が不可欠となります．

　また，病院や児童相談所を経験してきたカウンセラーであれば，高い専門知識と熟練が必要な心理検査や知能検査等を依頼することも可能かもしれません．このような各カウンセラーがもっている学校以外でのさまざまな活動経験は，学校現場とは異なる視点での助言となり，サポートの必要な児童生徒たちの早期発見等の一助として非常に期待されている部分であり，これを SC の外部性といいます．

　もちろんカウンセラーは医師ではありませんので診断することはできませんが，「見立て」と書いてある通り，心理教育的アセスメントは可能となります．そういった SC 機能を具体化したものが，平成 25 年度から東京都で実施されている，各学校における SC による全員面接でしょう．現在では多くの自治体でも実施されている活動ですが，SC は生徒全員面接を実施していじめの萌芽への察知に努め，教職員とともに情報共有，および連携に努めているのです．なお，正式に診断が必要な場合には，診断できる機関を利用することになり，ガイドラインにも「検査が必要な場合は専門機関を紹介します」等と明記されている場合があります．

表 11-1　スクールカウンセラーの主な仕事内容

個別相談：教師以外の視点からのアプローチ
問題の早期発見：各種心理テスト，知能検査による「アセスメント」
　　　　　　　　（例：東京都による SC による生徒全員面接）
育てるカウンセリング：学級作りのための「エンカウンター・グループ」
　　　　　　　　　　　予防教育のための「ストレス・マネジメント」
　　　　　　　　　　　支援的環境作りのための「ピア・サポート」
子育て講座，研修講座：教師や保護者への助言（コンサルテーション）
他機関との連携：病院，児童相談所などとのコーディネイト

1.　スクールカウンセラーを使って問題はなかったのでしょうか

　導入当初には仕事内容も専門性もよく理解されていなかったために，SC への不安や抵抗があり，「守秘義務」などの多くの問題をはらんでいました．しかし現在では，法律的に SC の立場や役割がはっきりと示されたことで，以前ほどの大きな抵抗や問題は減っているように見受けられます．

　「守秘義務」 を例にしてみましょう．みなさんは「守秘義務」というと，何がなんでも秘密を守るのが守秘義務と思っているかもしれません．文字通り「守秘義務」はカウンセラーが相談依頼者（クライエント）から聞いた話を漏らさない，ということです．しかし，学校現場での考え方は，カウンセラーとクライエントのあいだだけの内緒話といったようなイメージとはかなり違います．各自治体のスクールカウンセラー業務ガイドラインには，『SC が業務上知り得た個人情報は，学校での管理が基本となります．カウンセリング等で児童・生徒に「誰にも言わないで欲しい」と言われても「学校の先生と情報共有しながら一緒に取り組んでいく」と明示することが必要です（神奈川県 HP より）』というように，はっきりと「組織内での守秘義務」であることが明記してあります．

　このため，SC 導入初期にはよく見られた教師による SC への疑心暗鬼は改善されたことになります．しかし利用者側の児童生徒保護者からはどうでしょうか？　「相談内容は先生と情報共有しながら一緒に取り組みます．どうぞご自由にお話しください」と言われて，もちろん安心する人もいるとは思いますが，そうではない人もいる可能性も決して忘れてはいけないのではないでしょうか？

　そして四半世紀経っても変わらないのが，総務省（2020）も勧告した「学校現場での理解不足と連携不足によって十分に活用されていない」問題です．

　小学校の場合でいえば，SC の不定期配置の全国平均（2019）は 30.5%．週 4 時間以上の定期配置が 22.7%，4 時間未満が 31.5% です．SC 導入の意義の中に「外部からの視点（外部性）」というのもありますが，それはそのまま「教員

との意見や理解の相違」となる可能性も秘めていますし，実際過去はそうでした．この十分とは言えない活動時間内で，それらをどう解決していくのか．これらは導入当初より抱えてきた難題で，これからも考え続ける必要があるのです．

2．スクールカウンセラーの利用

「限られた時間」や「外部性」といったことを理解した上で，それでも連携，利用していくことを考えようとすると，おのずと，かなり意識的に行動していかなければならないことがわかると思います．

土居・加藤（2011）は探索的研究の中で，受け入れ側の学校には「職務内容の明確化」，「積極的な活用」，「広報」，「情報交換の場の設定」をあげており，SC 側には「積極的な関与」，「学校に合わせた活動」，「関係者へのアプローチ」をあげ，双方による積極的な行動が必要であることを示しています．それだけでなく，その行動を支えるための「明確なルール作り」も重要であるということは言うまでもないでしょう．このルールについても，現在では多くの自治体がガイドラインを作成していますので，それを参照することができます．一部を紹介してみましょう．

小中高の SC 配置率が全国平均に近い静岡県の教育委員会が発行している「スクールカウンセラーの効果的活用 Q＆A」には，SC が着任したらまず「協働する方法について話し合う」とあります．ポイントとしては，①職員室に SC の座席を用意して教職員とのコミュニケーションを促進すること，②学校の目指す方向性や 1 年間の流れ等を SC が把握できるようにすること，③生徒指導上の諸問題の報告・連絡・相談の流れや問題の処理の仕方等も SC があらかじめ理解できるようにすること，などと内容はきめ細やかなものとなっています．一例として，筆者が実

表 11-2　スクールカウンセラー活動のルール例

カウンセラーの居場所の確保：相談室以外にも持つ
教員との接触：各種会議への出席など
守備範囲（依頼範囲）の明確化
窓口教員の決定：カウンセラーとの窓口の一本化
相談のルール：相談までの申し込み経路の明確化
授業中の相談への対応
守秘義務（情報共有）の範囲の明確化

践してきたルール作りをあげておきます（表11-2）.

　明確なルールができた後は実践（活用）ということになるのですが，互いの課題やニーズがわからなければ動くことができません．ですので，ここで最も重要となるのは双方向のコミュニケーションによる「相互理解」ということになります．特に，会議などのフォーマルなコミュニケーションではなく，休憩室などでのインフォーマルなコミュニケーション，いわゆる「雑談の効果」（田中・内野，2010）は重要で，いかに気軽に話ができる雰囲気を作り出せるかが鍵を握ります．そして互いに伝える努力と理解しようと努めること，人間関係の基本となることですが，結局はこの点に行き着いてしまうように思います．また百瀬・加瀬（2016）は，教員側の「SOSを出すタイミング」や「相談力」といった課題をあげていて，教員自身が普段からひとりで問題を抱え込まないようにすることも大切となるようです．

3.　スクールカウンセラーのいる1年間

　それでは，実際にSCを使っていきましょう．

　もしはじめて担任をもつようなことになった場合，クラス作りにエンカウンター・グループを実施することを考えるかもしれません．その場合，SCをファシリテータ補助要員として使うこともできます．実際にあるSCは，特殊な病気を患っている生徒の入学に合わせ，「互いの違いを認められるようになること」を目的としたエンカウンター・グループを学校と協力して実施，双方にとってより良い環境作りをすることに成功しました．このように，入学前から計画をたてて，1年の学校の流れのなかで，どんなところでSCが使えるかを計画しておくと，より使いやすくなります．具体的にSCが学校のなかでどのように動いていくのかの一例を表（表11-3）にまとめてみました．各学校の行事に合わせて，自分なりの1年の流れを一度作ってみると使いやすいでしょう．

（西村　香）

表 11-3　スクールカウンセラーの 1 年間の活動の流れ

学期 （月）	学校行事 教育相談	子どもの特徴・SC の活動
春休み	援助の必要な子どもの引き継ぎ	次年度の活動の窓口教師との打合わせ 職員との顔合わせと，気になる子どもについての支援計画を SC と打合わせ
1 学期 （4 月）	入学式 始業式 健康診断 家庭訪問	新しい環境への緊張．慣れることに必死で，無理をしがち．問題が見えにくい時期 生徒，保護者へ SC を紹介 生徒，保護者，教師への個別相談開始 相談室だよりの発行など
（5 月）	地域の各種大会 中間テスト	子どもの状態像が定常化していく時期 **学級作りのための補助，エンカウンターの実施** SC をより身近に感じてもらう給食時間の教室回りで広報活動
（6 月）	遠足，修学旅行など	人間関係が固定化．なじめない子が出てくる時期 学習の遅れなども気になりやすい時期 旅行等の行事に**参加しにくい子の把握と援助** 全校生徒に対して，学校適応感などの調査活動 調査結果の**分析**，教師へのフィードバック
（7 月）	期末テスト 個別相談 終業式	夏休みを前にして，落ち着かなくなる時期 調査を教師が個別相談に利用できるように**助言** 終業式や保護者会などでの，**SC の講話**
夏休み		非行傾向の顕在化 不登校傾向のある子どもには，つらくなる時期
2 学期 （9 月）	始業式 運動会	夏休み前後で生徒の変化が見えやすい時期 **不登校生徒が顕在化しやすいため，担任と協力した支援活動が重要**（問題の初期対応）
（10 月）	中間テスト 進路指導など	学校生活も安定，あきらめも出てきやすい時期 問題の発生を予防するような**開発的なカウンセリング活動**（自己理解のための心理テストの実施）学業不振の子どもたちへの**連携的な支援の検討**

表 11-3 のづづき

学期 (月)	学校行事 教育相談	子どもの特徴・SC の活動
(11 月)	文化祭	友達関係を基盤とした行事もあり，それが悩みになりやすい時期 学校行事を利用した生徒たちへの**声かけ活動** **気になる子の発見と把握** 進路指導も視野に入れた**相談活動**
(12 月)	期末テスト 終業式	クリスマスは，誰もが幸せに見えるため，子どもの孤独感に注意する時期 休み中の家での生活も視野に入れての相談活動 学業不振，進級・進学を視野に入れた相談活動
冬休み		
3 学期 (1 月)	始業式 期末テスト	これまでの特徴が継続する時期 進級に合わせて**不登校生徒への学級復帰支援** 学年担任とのクラス変更の検討助言など
(2 月)	入試時期	学業問題で，無気力やあきらめも出る時期 進学や進級などを視野に入れた**相談**，助言活動
(3 月)	卒業式 終業式	心の問題が症状として出てきやすい時期 新しい学年への準備，引き継ぎ，報告書の作成など

＊ 読者のための図書案内 ＊

・熊谷恵子（編）2003　先生のためのスクールカウンセラー 200％ 活用術　図書文化：現実の場面に合わせて，スクールカウンセラーを活用する方法が具体的に述べられています．

＊ 引 用 文 献 ＊

相澤直子（2011）．中学校におけるスクールカウンセラーの活動～導入期の留意点について　埼玉大学教育学部附属教育実践総合センター紀要，**10**，37-44．

土居正城・加藤哲文（2011）．スクールカウンセラーと教員の連携促進要因の探索的研究　カウンセリング研究，**44**，288-298．

熊谷恵子（編）（2003）．先生のためのスクールカウンセラー 200％ 活用術　図書文化

文部科学省：学校保健統計調査（平成 30 年度　都道府県表）相談員・スクールカウンセラーの配置状況

総務省行政評価局（2020）．学校における専門スタッフ等の活用に関する調査　結果報告書
Mallen, M. J., & Vogel, D. L. (2005). Introduction to the Major Contribution : Counseling psychology and online counseling. The Counseling Psychologist, 33, 761-775.

─────── **コラム：コロナ禍での保護者を対象としたオンライン教育相談** ───────

　2020 年，新型コロナウイルス感染症（COVID-19，以下，コロナ）が世界中で流行し，我々の日常生活は大きく変化しました．2020 年前半の学校休業期間中，スクールカウンセラーによる教育相談は停止または延期されました．しかしこの間も，保護者からは，「外出できない上に，子どもと過ごす時間が長く，イライラすることが増えた」，「ストレスが貯まり，子どもを叱ることが増えた」など，話を聞いて欲しいという声が寄せられていました．

　学校再開後は教育相談も再開されましたが，保護者からは，「感染への不安があるので，教育相談を申し込みたいが，迷っている」という声が聞かれました．特に，乳児を養育している，自宅で高齢者を介護している，障害のある家族がいるといった事情がある場合には，なおさら不安が高い様子でした．

　そこで，筆者は，公立学校にて，管理職や教諭らと相談し，2020 年 9 月から，保護者を対象としたインターネットを用いた教育相談を始めました．この技法は，海外では以前から普及しており，「オンラインカウンセリングとは，電話，電子メール，チャット，ビデオ会議によるカンファレンスといった遠隔コミュニケーション技術を用いた，有資格の専門家によるクライアントの心身の健康を維持するためのセラピー，コンサルテーション，心理教育などの提供（Mallen & Vogel, 2005）」と定義されています．

　筆者は，個人情報保護に留意した上で，多くの保護者が利用している LINE をツールとして，音声通話機能とトーク機能を用いて，教育相談を行っています．一回約 50 分，完全予約制です．利用した保護者へアンケート調査を行った結果，「この時代，オンライン相談も必要だと思います．」，「対面での相談ができない状況の時にオンラインで話せることは心強いです．」，また，「会話の間ができた時，相手の表情が見えなかったが，見えた方がより話しやすいと感じた．」等の意見があることが分かりました．

　当面，コロナの流行は続くと思われますので，こうした技法による保護者支援の必要性はますます高まっていくと思われます．　　　　　　　　　　　　　　（藤枝　静暁）

【引用・参考文献】

Mallen, M. J., & Vogel, D. L. (2005). Introduction to the Major Contribution : Counseling psychology and online counseling. *The Counseling Psychologist*, 33, 761-775.

藤枝静暁・森田満理子（2021）．公立幼稚園における特別支援園内研修の実践記録（10）　─コロナ禍における保護者を対象としたオンライン子育て相談の効果検証─　埼玉学園大学心理臨床研究第 7 号

おわりに

　本書の企画を立てるにあたり，とくに気をつけた点は，教育心理学のなかでも臨床心理学的分野と認知心理学的分野がうまく1冊のなかに収まるような本にしたいということでした．とくに第2部は，臨床心理学的分野ですが，スクールカウンセラーの活用法や，発達障害の問題，子どもの現実の事例など，現代そしてこれからも重要となる課題について取り扱いました．読者は，大学生を想定していますが，「教育心理学」の教科書として必要な事項を押さえるため，教員採用試験の近年の動向も調べ，必要な事項はほぼ網羅し，本書に盛り込むようにしてあります．

　本書の執筆者を選考するにあたり，神田外語大学の武田明典先生，兵庫教育大学の有園博子先生，文教大学の会沢信彦先生にご協力いただきました．北樹出版の福田千晶さんには企画の段階から暖かいサポートをいただきました．記して感謝いたします．

　本書が，教育心理学を学ぶみなさんの，お役に立てれば幸いです．

編者を代表して　安齊　順子

第4版にあたって

　第4版にあたっては，第2部の障害の定義や，学校に関する法律など書き改めていただきました．「スクールカウンセラーの活用」では公認心理師についても記述してあります．この本をきっかけに，さらに学んでいただけることを期待いたします．

　本書では，執筆者は主に筑波大学で心理学，教育学を学んだ方を中心にお願いいたしました．筑波大学の卒業生，とくに先輩のみなさまに快く執筆していただけたことは，編者としてとても感謝しています．

2021年1月　　　　　　　編者を代表して　安齊　順子

教育心理学の重要用語集 📖 101

　教育心理学に関する書籍や試験で頻出の用語 101 を頻出順に並べています（配列の方法は http://nikata.cocolog-nifty.com/diary/2008/04/101_ec7a.html）．その中でも順に S 〜C までの重要度をつけました．学習や試験対策に利用して下さい．

S プログラム学習：スキナーの学習理論の応用として開発された教授法．ティーチング・マシンを使って，問題の提示，結果のフィードバックの反復をくり返しながら学習を進める．現在では CAI による教授でしばしば用いられる．

S 相対評価：教育評価において個人の成績が，所属する学習集団，あるいはテストを実施した集団の中でどこに位置づけられるかによって決定される．相対的位置による評価の基準・ものさし．

S 内発的動機づけ：行動を促進する動機のうち，知的好奇心のように学習者のなかで自発的に発生するもの．学習行動自体が目的となり，行動の結果提示される報酬や罰などを必要としない．

S 絶対評価：教育評価において，個人の成績があらかじめ設定された教育目標を達成したかどうかによって決定されるもの．目標準拠評価や到達度評価が代表的なものである．

S 総括的評価：ブルームの教育評価の分類において，学習活動の終了後に目標を達成しているかどうか測定する評価活動．授業や単元の後の確認テスト，期末試験などがあげられる．個人の評価だけではなく，教授する側の改善などにも利用される．

S オペラント条件づけ：条件づけの1つで，自発的行動に対して強化子となる刺激が伴うことによってその行動の生起する頻度が促進・抑制されるもの．弁別刺激-オペラント行動-強化刺激という三項随伴性が成立する．スキナーによってその存在が明らかにされた．

S 外発的動機づけ：行動を促進する動機のなかで，報酬や罰，あるいは競争などその動機となる行動以外によって行動が強化されるタイプの動機づけ．

S 個人内評価：教育評価のなかで，個人がどれだけ変化したかについて測定を行うもので，「進歩の評価」とも呼ばれる．測定の方法としてポートフォリオやルーブリックを用いることがしばしばみられる．

S 発見学習：学習内容が教授者によって教えられず，学習者が問題を提示され，仮説検証を通して学習を行うという学習方法．ブルーナーによって提唱された．知識や概念だけでなく，獲得のための方法も同時に学習される．

A 有意味受容学習：オーズベルが提唱した学習方法．学習者が新しい知識をすでにもっている知識と結びつけ，意味のある知識として学習するよう働きかけられる．新しい知識と

既有知識の結びつけには，先行オーガナイザーと呼ばれる知識が提供され，理解の助けとなる．

A CAI（Computer-Assisted Instruction）：教授-学習の方法としてコンピュータを利用することで，コンピュータ支援学習と呼ばれる．ティーチング・マシンのような学習システムや，プレゼンテーションのような教材提示などさまざまな利用方法がある．

A 学習障害：**LD（Learning Disabilities）**とも呼ばれ，知的な発達には問題がないものの，読みや書きの能力，心的な操作や判断など，学習に必要な特定の能力に困難や遅れが見られることによって生じる障害を指す．

A 診断的評価：ブルームの評価の分類のなかで，学習の開始に先立って行われる評価．学習に必要となる知識や態度，その他さまざまな能力がどの程度獲得されているか，学習に影響する要因の状態などの情報が収集される．

A 短期記憶：人間の記憶のなかで，15〜30秒程度の保持期間をもつ記憶．記憶の範囲は7±2程度であり，長期記憶への記銘処理がなされない場合，そのまま忘却される．記憶の情報処理理論ではしばしばコンピュータのメモリに似た機能をもつたとえられる．脳内ではとくに海馬が関係しているとされる．

A 長期記憶：人間の記憶のなかで，ほぼ無限の容量をもつ永続的な記憶で，ハードディスクにたとえられる機能をもつ．言語によって表現できる宣言的記憶と行為などに関わる手続記憶に区分される．宣言的記憶はさらに特定の時間・文脈をもつエピソード記憶と一般的知識である意味記憶に区分される．

A 動機づけ：心的活動を含むあらゆる行動を生起させ，持続させる力（動機）を促そうとする働きやプロセスの全体を指す．

A 不登校：病気や経済的理由ではなく，なんらかの心理的，情緒的，身体的あるいは社会的要因・背景により，登校できない，あるいはしたくてもできない状態にあること．年間おおよそ30日程度の欠席が不登校の基準とされている．

A レディネス：準備性とも呼ばれ，学習が成立するために必要な発達の状態．あるいは個人にすでに備わっておく必要のある能力などを指す．成熟によってある程度規定されるが，個人によってその程度や時期はある程度柔軟であると考えられている．

A いじめ：自分よりも弱いものに対して一方的に，身体的・心理的な攻撃を継続的に加え，相手が深刻な苦痛を感じているものと定義されている．不登校や児童期・青年期の心理的問題の大きな原因になるため，注意と対策が必要である．

A 質問紙法：心理学の代表的な研究法の1つで，アンケートのような用意された質問項目に回答することでデータを収集する．一度に大量のデータを収集できるが，得られたデータの信頼性の確保や，項目の妥当性を確保することが求められる．

A 先行オーガナイザー：有意味受容学習において，新しい知識を理解・学習する時に提示される知識．学習者の既有知識を活性化し，新しい知識の理解を促す働きをもっている．

A アイデンティティ：エリクソンが提唱した，青年期の発達に重要な概念で自我同一性とも呼ばれる．自己の存在や能力に対して，確定的かつ肯定的に答えることができること．

A 古典的条件づけ：パブロフが発見した条件づけで，条件刺激（食べ物）と無条件刺激（ベル）を対提示するなかで，本来条件刺激が必要な条件反応（消化液の分泌）が無条件刺激だけでも見られるようになること．

A 自己中心性：ピアジェの発達理論のなかで，前操作期の幼児の認知的な特徴を示したもの．自己を他者の立場においたり他者の視点に立ったりすることができない状態．これに関連して，自己中心性から離れ，やがて獲得される他者についての推論能力を心の理論と呼ぶ．

A 知能検査：定義された知能について，その程度を客観的に測定するために開発された検査．代表的なものとしてビネー式検査やウェクスラー式検査がある．

A ピグマリオン効果：教師期待効果とも呼ばれ，他者に対する期待をもつことによって，それが期待を受けた他者自身に意識されることがなくても成就するよう働くこと．

A 観察学習：他者（モデル）を観察することによってその行動を習得する学習．模倣に基づく学習のためモデリングとも呼ばれ，バンデューラによって提唱された．模倣の結果として外的報酬が得られ強化されることもあるが，内発的な要因に基づくこともある．

A 教育評価：教授-学習場面において，学習者の学習状況や達成度などを測定すること．教育目標の達成だけでなく，教育方法の改善，教育環境の状態の評価などさまざまな目的に対する機能をもっている．

A 具体的操作期：ピアジェの認知発達理論での段階で，前操作期と形式的操作期の中間にあたる．具体的な対象について，見た目に左右されない論理的な思考が可能になる．代表的なものとして保存の概念の獲得などがある．

A 原因帰属：身の回りの出来事や変化に対して，その原因が何によっているかという推論，理由づけを行うこと．自己，あるいは人間の素質や能力などに帰属する内的帰属．自己以外の対象に理由づけする外的帰属などがある．

A 信頼性：教育評価や心理検査において，ある評価やテストを同じ条件で実施した時，結果が一貫して変化が小さいことを指す．妥当性とともにテストの質を高めるために重要である．信頼性を確保するためには，その評価方法が外的な要因に影響を受けにくいこと，偶然による影響を受けないことなどがある．

A 適性処遇交互作用：教育方法や治療方法の効果が，性格などの個人のもつ特性の違いによって異なること．このことから，個人に応じて最も適した処遇を行うことが必要となる．ATIとも呼ばれる．

A モデリング：他者を模倣する，モデルにすること．観察学習の中心的な行動であり，人間の行動を決める大きな要素となる．

B カウンセリング：問題を抱え，解決を希望する個人が，専門家に対して相談を行うこと．

援助を求める被援助者に対して援助者が主に話し合いを通して援助を行う一連の過程でもある．心理的問題や生活上の問題など，適用される範囲は広い．

B ソシオメトリックテスト：集団のメンバーそれぞれに，その集団のなかで誰を選択し，誰を排斥するか質問することによって，その集団の人間関係の状態を把握する検査方法．結果はソシオグラムとして表現される．誰を排斥するかの質問についてはきわめて慎重である必要がある．

B 妥当性：教育評価や心理検査において，測定項目が測定目標をはかるために適切であること．信頼性とともにテストの質を高めるために重要である．基準関連妥当性や構成概念妥当性といったさまざまな視点から検討が行われる．

B 知能指数：定義された知能を測定する尺度（ものさし）として数値化したもの．古典的なビネーの定義では，精神年齢/暦年齢×100 として表すことができる．現在では知能偏差値を基にした知能偏差指数（DIQ）をもちいて示されることも多い．

B 同化：ピアジェの発達理論のなかで，個人が取り巻く環境を認識する方法の一つ．同化は，環境を自分のなかに取り込む働きであり，取り込む対象を自分の知識や認知システムにあうように理解して統合していく．

B 発達課題：ハヴィガーストが提唱した発達段階についての理論．発達のそれぞれの段階に応じて達成されるべき心理・社会的課題があり，適切に達成されることで次の発達段階に進んでいくという考え方．

B モラトリアム：エリクソンが青年期の特徴をたとえたもの．本来は債務の支払い猶予を意味する単語で，転じて青年期が大人としての責任や義務を猶予されていることを意味している．文明の発達によって青年が一人前の社会人になるためには時間がかかるため，その学習期間として理解されている．

B 強化：なんらかの刺激によってある反応や行動が増加ないしは減少するように仕向けられること．刺激の違いによって古典的条件づけやオペラント条件づけなどさまざまな強化のタイプに分かれる．反応の増加を正の強化，反応の除去を負の強化という．

B ゲス・フーテスト：人物推定法とも呼ばれ，集団のメンバーの性格特徴について，メンバー相互の評価（例，「責任感がある人は誰ですか」）から診断する調査方法．その集団のメンバー相互の関係間での個人の性格について知ることができる．

B 調節：ピアジェの発達理論のなかで，個人が取り巻く環境を認識する方法の一つ．調節は，環境に対して自分の知識や認知の働きを修正しながら理解していく．このため，調節の結果自分そのものがなんらかの形で変化していくことになる．

B 発達段階：個人が形成されるなかで，ある期間の人間の特徴や・性質がその前後の期間とは明らかに違うと認められる時，その期間を発達段階という．ピアジェの論理的思考の発達段階やフロイトの性的発達段階，コールバーグの道徳性の発達段階などがある．

B 面接法：心理学の研究法，あるいは臨床場面などで，対面しながら情報を収集する手法．

主に会話に基づく情報収集のほか，非言語的コミュニケーションなども収集される．

B **学習**：経験による，比較的永続的な行動や認知の変化．本能や反射など生得的な行動や認知とは分けられる．教育においては，教授や教材などによって個人があらたな知識や行動を獲得することを指す．

B **観察法**：心理学の代表的な研究法の1つで，研究対象を研究者が観察することによってデータ・情報の収集を行う方法．研究対象に実験や調査ができない場合，自然場面での行動が必要となる場合などに用いられる．

B **完全習得学習**：学習に対して必要な時間をかけることができれば，学習の習得は完全に可能であるというキャロルの説にしたがって，理解の水準に達するよう指導計画や教材を準備する教授の方法．教育目標や評価の方法の改善に多くの貢献をした．

B **ギャング・エイジ**：児童期に典型的に見られる，同性間の子どもによる徒党的集団のこと．強力な閉鎖性をもつ集団の形成，遊びを中心とした関係の構築などの特徴をもち，子どもが社会的なスキルを身につけるのに重要な役割を果たす．

B **形式的操作期**：ピアジェの論理的思考の発達段階において最終的な段階．言語や記号など抽象的な概念などを含めた表象を理解・操作することができ，仮説演繹的な思考や推論が可能になる．

B **形成的評価**：ブルームの教育評価のなかで，学習の途中で学習者の進度，理解の度合い，誤りの種類など取り組みの状況を確認する評価の段階．学習者の学習過程を確認し，学習方法の改善などの用途に用いられる．

B **自我同一性→アイデンティティ**

B **自己評価**：児童・生徒が自己の内省に基づいて，学習の達成度や自己の能力，態度などを評定する方法．信頼性と妥当性が高い場合，個人内評価の重要な方法とすることができ，学習の改善に効果的に作用する．

B **前操作期**：ピアジェの論理的思考の発達段階で，感覚運動期の次の段階（1歳半から6歳頃）で現れる．言語を使ってシンボル操作などを可能にする．自己中心性やアニミズムの概念など特徴的な認知のパターンをもっている．

B **知能**：記憶・言語・思考など人間の認知機能の中で，人間が生活や環境に適応するために身につける能力の全体を指す．年齢や発達によって異なりやすく，また個人内では学習の影響を受けにくい比較的安定したものとなる．

B **到達度評価**：絶対評価の1種類として，当初計画された教育目標を達成したかどうかをもとに，評定を行うもの．

B **輻輳説**：人間の発達において，発達が遺伝と環境双方によって相互作用的に規定され，その程度は発達の内容によって異なるとする考え方．

B **偏差値**：教育評価において，標本集団が正規分布に従っていると仮定する時，個人の位置を Z 得点によって表現する方法．Z 得点を10倍し，50を加えて算出する．平均が50

となる．順位などと同じく，相対評価で用いられる代表的な尺度．

B 抑圧：フロイトの精神分析における防衛機制の１つ．欲求不満や葛藤から生じるネガティブな感情・思考・記憶などを意識にのぼらないようにする心理的な作用．

C 愛着（アタッチメント）：ボウルビイによって提唱された，他者や事物に対する特定の情緒的結びつきのこと．特に乳児から幼児期にかけて，母親との結びつきから始まって子どもの他者に対する関係の発達に関連し，人格の形成に重要な役割を果たす．ストレンジ・シチュエーション法などの研究法が知られている．

C 感覚運動期：ピアジェの論理的思考の発達における最初の段階（0〜2歳頃）．さまざまな感覚によって自己の活動とその結果の関係を学習する．循環反応や対象の永続性の理解などが代表的．

C 行動療法：学習理論をもとにした，行動の変容を目標とするさまざまな治療的介入のこと．条件づけを中心とした学習によって不適切な行動や認知を消去し，適切な行動や認知を獲得するよう方向づけられる．

C 自我：それが自分のことであると意識できる，認識上の主体．フロイトの精神分析理論では，エゴと呼ばれ，意識できる自分だけでなく無意識のなかに存在する自己も含む．意識の対象として客体化される自分の存在については自己と定義されることもある．

C 自己概念：自分自身の能力や性格，身体的特徴などについてももっている，比較的永続的かつ安定した知識やイメージ．自己の観察や他者からの評価などをもとに形成される．

C 精神年齢：知能検査において，個人の精神的発達の程度を年齢の尺度で表現したもの．一般にその年齢の個人が達成しているおおよその知的活動や知識から精神年齢を算出する．

C ソシオグラム：ソシオメトリックテストによって測定された，集団における各個人間の選択-排斥関係を図示したもの．

C 第一反抗期：活発な反抗行動が見られる2〜3歳の時期．自我の発達によって自己の独自性がはっきりとし，自己主張や不快な状況の拒否などが行えるようになっていることを表している．

C 適応：心理学では，人間が生きていくなかで環境にあっていること，あるいはそのように自己の認知や行動を変容させていく状態のことを指す．とくに精神分析では，欲求不満や葛藤状況において，自己が心的な安定を確保するためにとる行動や思考をいう．

C 投影法：心理検査の手法の一つで，インクのしみや木の描画など，被検者に検査の意図を理解できない状況で刺激を提示し，その反応から人間の性格などを測定・分析しようとするもの．代表的なものとしてロールシャッハテスト，CAT，バウムテストなどがある．

C メタ認知：「記憶していることを覚えている」のように，ある認知活動をさらに高次の視点から認知していること．メタ記憶，メタ理解などさまざまな認知活動で確認できる．

C **リハーサル**：記憶を保持するために行う活動全体を指す．くり返し思い出す反復リハーサルや，情報をまとめ，組織する体制化リハーサル．他の情報などと組み合わせて記憶する精緻化リハーサルなどが知られている．

C **類型論**：性格をいくつかのタイプに分け，分類を行う立場．古くからクレッチマーの分類やユングの内向-外向などさまざまな類型が知られる．概念として理解が容易ではあるが，人間の性格特性を極端に集約したり，個人へのあてはめを行う時には限界がある，などの問題点がある．

C **ロールシャッハテスト**：投影法による心理検査の1つ．デカルコマニーによって作られた，左右対称のインクのしみに対する被検者の反応から性格を分析する．現在でも広く用いられているが，信頼性や妥当性などについてしばしば議論されることが多い．

C **学習性無力感**：ストレス状況が回避できない状態に長期間おかれた時，人間はその刺激を回避することをしなくなる．学習によって獲得された無力感・絶望感であることからこのように呼ばれる．

C **行動主義**：ワトソンを源流とする心理学における考え方の1つ．人間の心理の中で観察可能な行動についてのみを研究の対象とし，刺激-行動（S-R）の連合から人間の心理を解明しようとする立場．やがてスキナーの新行動主義などに引き継がれる．

C **実験法**：心理学の研究方法の1つ．一定の条件のもとで人間がどのような行動を行うか記録・測定することによって情報を得ること．独立変数によって従属変数がどのように変化するかをみる．独立変数以外の条件は可能なかぎり統制されることになっている．

C **スキーマ**：抽象的で一般化された知識のモジュール（かたまり）．人間が理解や思考を行う時，特定の条件に対して特定のスキーマが起動され，自動的な処理を行う．

C **正規分布**：平均値の付近に釣り鐘型に集積するようなデータの分布を表した確率分布．中心極限定理により，同一の集団から無作為に抽出される確率変数は正規分布に従う．

C **退行**：フロイトの精神分析における防衛機制の1つ．欲求不満や葛藤の場面で，以前の発達の水準に戻り回避をはかる．幼児退行，赤ちゃん返りなどがある．

C **逃避**：フロイトの精神分析における防衛機制の1つ．欲求不満や葛藤を避けることによって心理的な安定を守る．問題の回避や白昼夢などが知られている．

C **発達の最近接領域**：ヴィゴツキーの理論で，他者の援助があって達成可能な発達のレベルと自力で達成可能なレベルの境界的な部分．発達を獲得するもっとも近接的な部分であり，個人によってその領域は柔軟に変化するとし，固定的だと考えるレディネス概念と一部異なる．

C **反動形成**：フロイトの精神分析における防衛機制の1つ．受け入れがたい衝動を抑圧することによって，かえって反対の意識や行動を発生させる．好きな相手にわざと不快になるような言動をしたりすることが一例としてあげられる．

C **防衛機制**：フロイトの精神分析理論において，欲求不満や葛藤の不快な影響から心理的

な安定を守るため，無意識的にとる心理過程．さまざまな種類が知られているが，種類によっては神経症的・病的な機制があり，不適応をさらに表面化させることがある．

C **リーダーシップ**：集団のなかで，集団を維持することおよび集団の目標達成を遂行するために集団の成員が相互に影響を及ぼすこと．必ずしもリーダーが行うとはかぎらず，また権力に依存しない．

C **ATI** →適正処遇交互作用

C **IQ** →知能指数

C **TAT**：マレーによって開発された投影法性格検査．20枚の絵画から，登場人物や状況に関する物語を作らせ，被検者の欲求の状態などを分析する．主題統覚検査．

C **意味記憶**：宣言的知識のなかで，教科書や辞書に書かれているような知識の記憶のこと．エピソード記憶のような時間的・空間的な文脈をもたない．エピソード記憶から脱文脈が生じ，意味的な内容だけが抽出される．

C **エピソード記憶**：宣言的知識のなかで，自己が経験したことの記憶．「いつ，どこで」のような時間や空間的な文脈も含む．

C **学力**：学校教育のなかで設定されている学習内容について，それが獲得された状態にある時，学力があるとされる．単に学習内容だけでなく，学習に必要な意欲や態度，思考力や判断力などを含めて広く学力と考えることが多い．

C **仮説実験授業**：ブルーナーの発見学習の影響を受け，板倉聖宣が提案した教授方法．問題の把握，仮説の生成，検証のプロセスからなり，学習者が主体的に知識を形成するように構成されている．

C **合理化**：フロイトの精神分析における防衛機制の1つ．失敗や葛藤などを正当化するために社会的に受け入れられやすい理由をつけること．酸っぱいブドウ型と甘いレモン型と呼ばれる正当化がよく知られている．

C **昇華**：フロイトの精神分析における防衛機制の1つ．人間の内側にあるリビドーのなかで，性的欲求や攻撃性など社会的に受け入れられにくい衝動を，芸術や運動など受け入れやすい行動に置き換えること．

C **知的好奇心**：内発的動機づけの1つで，あらたな知識，あるいは情報に接することや獲得することをしようとする欲求全体を指す．

C **道具的条件づけ** →オペラント条件づけ

C **バズ学習**：6・6討議とも呼ばれ，少人数（6人程度）で短時間（6分程度）の討論をくり返しながら学習を進めるグループ学習の一種．

C **パーソナリティ**：性格・人格とも呼ばれ，人間の行動（認知過程を含む）について，それぞれ個人に一貫して現れる特徴的な性質を指す．人間の心的活動の個人差としてとらえられているもの．

C **発達**：人間が生まれ，大人になるまでの過程で生じるさまざまな変化のこと．近年では

さらに大人になってから生涯を終えるまでの変化も含め生涯発達としてとらえることも多い.

C **補償**：フロイトの精神分析における防衛機制の1つ. 失敗や葛藤などによる欲求不満を, 他の代替となる行動や思考によって置き換えをはかること.

C **臨界期**：ある特性や能力を獲得するため, 生得的に生物に備わった限定的な期間のこと. インプリンティングに代表され, 学習が生後限られた期間だけ可能となり, これを過ぎると獲得が著しく困難になる.

C **WAIS**：ウェクスラー式知能検査のなかで, 16歳以上の成人を対象に実施するよう構成された検査.

（荷方　邦夫）

教育心理学の重要用語集 101

事 項 索 引

事
項
索
引

人 名 索 引

人名索引

————————————— ● 執筆者（執筆順）● —————————————

服部　環（はっとり　たまき）監修，序章第1節　法政大学現代福祉学部教授　教育学博士

安齊順子（あんざい　じゅんこ）編者，序章第2節，第7章3～6節　法政大学，東洋大学，川崎看護大学，田園調布学園大学非常勤講師，臨床心理士，公認心理師，精神保健福祉士

荷方邦夫（にかた　くにお）編者，序章第3節，第3章，第5章，重要用語集101　金沢美術工芸大学一般教育等教授　博士（心理学）

藤井恭子（ふじい　きょうこ）第1章　関西学院大学教育学部教授　博士（心理学），臨床心理士

島田英昭（しまだ　ひであき）第2章　信州大学学術研究院教育学系教授　博士（心理学）

大石千歳（おおいし　ちとせ）第4章　東京女子体育大学・同短期大学教授　博士（心理学），学校心理士

臼井信男（うすい　のぶお）第6章　東京工業大学科学技術創成研究院バイオインターフェース研究ユニット特任助教　博士（心理学）

木ノ瀬朋子（きのせ　ともこ）第7章1～2節　東京家政大学保健センター，臨床心理士，公認心理師

平宮正志（ひらみや　まさし）第8章　神田外語大学非常勤講師，ガイダンスカウンセラー，構成的グループエンカウンター公認リーダー

藤枝静暁（ふじえだ　しずあき）第9章　埼玉学園大学大学院心理学研究科教授　博士（心理学），公認心理師，学校心理士，臨床心理士，ガイダンスカウンセラー

井上雅彦（いのうえ　まさひこ）第10章　鳥取大学大学院医学系研究科臨床心理学講座教授，公認心理師，臨床心理士，専門行動療法士

西村　香（にしむら　かおり）第11章　城西大学薬学部非常勤講師　博士，臨床心理士，公認心理師

監修者紹介

服部　　環

　法政大学現代福祉学部教授　教育学博士
　主著：Q＆A心理データ解析　福村出版（共著），心理・教育の
　ためのRによるデータ解析　福村出版（単著），文系のための
　SPSSデータ解析　ナカニシヤ出版（共著），読んでわかる心理
　統計法　サイエンス社（共著）

編者紹介

安齊　順子

　法政大学，東洋大学，川崎看護大学，田園調布学園大学非常勤
　講師，臨床心理士，公認心理師，精神保健福祉士
　主著：あたりまえの心理学　文化書房博文社（編著），インタビ
　ュー臨床心理士1，2　誠信書房（共編著），教師のたまごのため
　の教育相談　北樹出版（共編著），保育者のたまごのための発達
　心理学　北樹出版（共編著），心理学史　学文社（分担）

荷方　邦夫

　金沢美術工芸大学一般教育等教授　博士（心理学）
　主著：あたりまえの心理学　文化書房博文社（分担），メディア
　心理学入門　学文社（分担），推論　児童心理学の進歩2007年
　度版　金子書房，類題作成経験が類推的問題解決に与える効果
　教育心理学研究（共著）

「使える」教育心理学［第4版］

2009 年 4 月15 日　初版第1刷発行
2011 年 2 月20 日　初版第2刷発行
2012 年 4 月20 日　増補改訂版第1刷発行
2014 年 4 月15 日　増補改訂版第4刷発行
2015 年 10 月 5 日　第3版第1刷発行
2019 年 3 月15 日　第3版第4刷発行
2021 年 3 月31 日　第4版第1刷発行
2022 年 9 月 1 日　第4版第2刷発行

監　修　服部　　環
編著者　安齊　順子
　　　　荷方　邦夫

発行者　木村　慎也

定価はカバーに表示　　印刷　中央印刷／製本　川島製本

発行所　株式会社　北樹出版

〒153-0061　東京都目黒区中目黒1-2-6
URL：http://www.hokuju.kp
電話(03)3715-1525(代表)　FAX(03)5720-1488